中国个人养老金税收优惠政策研究

张晶 著

九州出版社
JIUZHOUPRESS

图书在版编目（CIP）数据

中国个人养老年金税收优惠政策研究 / 张晶著 . 北京：
九州出版社, 2022.11
ISBN 978-7-5225-1339-3

Ⅰ.①中… Ⅱ.①张… Ⅲ.①养老金—税收政策—优
惠政策—研究—中国 Ⅳ.①F842.67②F812.422

中国版本图书馆 CIP 数据核字(2022)第 206679 号

中国个人养老年金税收优惠政策研究

作　　者	张　晶著
责任编辑	杨鑫垚
出版发行	九州出版社
地　　址	北京市西城区阜外大街 35 号（100037）
发行电话	（010）68992190/3/5/6
网　　址	www.jiuzhoupress.com
电子邮箱	jiuzhou@jiuzhoupress.com
印　　刷	水印书香（唐山）印刷有限公司
开　　本	787 毫米×1092 毫米　16 开
印　　张	15.75
字　　数	140 千字
版　　次	2022 年 11 月第 1 版
印　　次	2022 年 11 月第 1 版第 1 次印刷
书　　号	978-7-5225-1339-3
定　　价	88.00 元

前　言

　　人口出生率的下降和人口预期寿命的延长,使得各国人口老龄化趋势日益严峻。人口老龄化的直接后果是工作人口负担的老年退休人口数量提高,这就对各国传统的养老保险制度带来了挑战,也给政府公共养老年金的支出带来了压力。为了缓解人口老龄化带来的政府支出压力,世界各国纷纷对现有的养老保险制度进行全方位的改革。其中最突出的一点就是在政府与市场之间重新划分养老保险责任,将原来主要由政府负担的养老保险责任更多地转移给市场主体,即更多地实现养老保险的市场化供给。我国从20世纪90年代开始进行适应市场经济体制要求的养老保险制度改革,经过多年的努力,社会养老保险体系的基本框架已经形成。但不管从社会养老保险的覆盖面,还是资金的供求情况看,尚无法完全满足居民养老的需求。随着老年人口的不断增长,公共养老保险所面临的压力将会越来越大,因此逐步降低过高的公共养老年金替代率,提高个人养老年金在养老保险体系中的比例,发挥个人养老年金的补充作用就成为一种现实的选择。

　　目前,关于中国个人养老年金的探讨已经越来越多,这对于完善中国的养老保险体系大有裨益。在探讨中,人们已经认识到个人养老年金作为缓解社会养老保险财务危机的有效措施已构成多层次养老保障体系中不可缺少的重要支柱。同时,人们也清晰地意识到我国个人养老年金之所以发展缓慢,一部分原因在于个人参与养老年金的积极性较低。目前,学术界关于如何构建我国个人养老年金税收优惠政策的探讨缺少系统而深入的研究。本书就这一问题进行了较为系统的分析,期望能为中国个人养老年金税收优惠政策的制定和实施提供一些借鉴。

　　本书文围绕个人养老年金税收优惠及其在我国实践中的运用展开论述。首先对个人养老年金及税收优惠的相关理论做了分析和界定,在对具有代表性的国家个人养老年金税收优惠政策及其实践操作进行详细说明的基础上，总结概括出这些国家个人养老年金税收优惠政策的运行实践能为我国个人养老年金税收优惠政策的实现提供的一些经验。其次，对当前我国个人养老年金及其税收优惠政策的实施条件进行了比较深入细致的分析，在此基础上，结合我国政治、经济、文化等背景，对个人养老年金实行税收优惠政策的可行性进行了分析，并运用CGE模型仿真模拟了个人养老年金税收优惠政策对社会福利、收入分配、政府收入等产生的经济影响，并根据CGE模型仿真的数值解，综合比较不同税收政策及相应税率条件下中国个人养老年金的发展变化情况，结合定性分析结论，给出可持续发展的战略选择，提出相应的政策建议，搭建出可实现的中国个人养老年金税收优惠政策的设计框架。

目　录

绪　　论

X.1　研究背景及意义

新中国刚成立时出生的人群,如今已经是70岁以上的年龄,开始步入高龄阶段。不可否认,他们曾是中华人民共和国建设的中坚力量,为我国的国家建设立下了汗马功劳。但随着年龄的增长,这个年龄阶段的人已经逐步退出了就业市场,成为庞大的退休人员群体。不仅我国如此,世界各国都面临人口结构的这一变化。随着世界人口出生率的下降和人口预期寿命的延长,各国人口老龄化趋势日益严峻。人口老龄化的直接后果是工作人口负担的老年退休人口数量的提高,这不仅给各国传统的社会养老保险制度带来了挑战,也给政府的公共养老保险支出带来了压力。为了缓解人口老龄化带来的支出压力,世界各国纷纷探讨对养老保险制度的改革对策。

1994年,世界银行为解决全球普遍面对的高龄化社会而延伸出的老年所得保障(Old-Age Income Security)问题,提出了"避免老年危机(Averting the Old Age Crisis)"的研究报告。该报告针对退休金问题,提出了所谓的三层次养老保障的建构模式(a Three-Pillar Model),建议各国政府通过三层保障的年金制度解决退休人口的养老问题。这个三层保障的养老体系依据保障性高低,依次分为公共年金、职业年金以及自愿性商业年金保险制度;就责任归属而言,第一层次的保障所强调的是政府的责任,而第二层次和第三层次则强调企业雇主或个人的责任。可见,对于退休人口的老年生活所需,政府的责任是提供最低的生活保障,至于较高的消费水平或者维持过去工作期间一定的生活水平,则着重于个人的责任。从世界银行提出的三层次养老保障体系的构建中,我们可以体会到养老保险责任在政府与市场之间的重新划分,即将原来主要由政府负担的养老保险责任更多地转移给市场主体,更多地实现养老保险的市场化供给。

我国三层次的养老保障体系始建于20世纪90年代,第一层次是由国家依法建立、通过税收或缴费筹资的,现收现付的、确定给付型的、广覆盖、低水平的公共养老保险(公共年金)制度;第二层次是国家依法鼓励、依靠企业和个人缴费筹资的,个人账户为主的、养老金与缴费挂钩的、完全积累型的补充养老保险制度,如企业年金;第三层次是个人自愿购买的养老保险(个人养老保险),用于改善老年生活。

在人口老龄化程度不断加深的背景下,我国现有的养老保障体系尚有不足之处。有目共睹的是,第一支柱的公共养老保险和第二支柱的企业年金所面临的压力越来越大,已经逐渐难以满足全社会老年人的养老需求,因此逐步降低过高的公共养老保险替代率,提高个人养老年金(储蓄型商业养老保险)在养老保险体系结构中的比例,发挥个人养老年金的补充作用就成为一种现实的选择。但是由于养老保险的外部性(指养老保险的私人收益即保险公司或个人所获得的收益,与社会收益即整体社会从养老保险中获得的收益是不一致的),而且是正的外部性(购买个人养老年金的私人收益与社会收益不一致,部分外溢到社会)的存在,导致个人养老年金的供给和需求不足。政府的主要职责之一就是纠正外部性所导致的无效率。因此,政府需要对养老保险的外部性进行修正,修正的方法之一就是税收与补贴。这一点也为个人养老年金税收优惠政策的制定提供了理论上的依据。个人养老年金的提供在一定程度上为社会承担了责任,减轻了公共养老保险制度的压力,而税收作为国家宏观调控的重要手段,对经济的发展有着重要的调节作用,因此政府可以通过税收优惠政策来鼓励人们购买个人养老年金。

税收优惠是税收政策的一种表现形式,它是国家为了支持某一行业的发展而给予的财政减让和宏观支持。税收优惠对养老保险体系的作用主要体现在通过税收来影响养老保险的成本以及预期的未来净收益率,从而在一定程度上改变各经济主体的养老保险行为。从世界多个国家养老保险制度改革的实践来看,扩大个人养老年金的比重,财政税收政策是不可或缺的重要调控手段,政府税收政策具有的杠杆效应,可使个人养老年金的参与双方获益,从而推动个人养老年金的快速发展。一方面,在政府税收优惠政策的激励下,个人从自身利益的最大化出发,会比较积极地参加商业年金保险计划,从而使个人养老年金需求不足的问题得到缓解;另一方面,政府通过税收优惠政策来提高保险公司供给养老年金产品的私人边际收益,解决养老年金产品供给不足的问题。

政府通过税收优惠激励个人养老年金的发展已经得到了广泛的社会认同,但是由于个人养老年金在缴费、投资收益和给付保险金三个阶段都会涉及税收问题(缴费阶段的企业所得税、个人所得税;累积阶段的增值收益税、利息税;领取阶段的个人所得税、遗产税、赠与税等),使得个人养老年金在税收优惠模式的选择、税收优惠的程度、具体的操作方式等方面的确定变得非常困难。因此,目前政府对个人养老年金采取什么样的税收优惠政策才是最优的并没有形成定论。

税收是一国财政收入的主要来源,也是国家对经济进行宏观调控的一种重要手段。通过改变税率、税基的大小可以起到优化国家资源配置的作用。政府可以通过对某种经济行为采取征收、加重税负、实行免税等税收行为,来影响和改变经济行为人的利益得失,从而改变其经济行为,进而对社会经济结构产生作用。税收政策作为国家对部分社会产品的强制分配,在实现其资源配置、收入分配、经济稳定和经济发展的职能过程中,对所有经济行为主体和国民经济运行都会产生很大影响。将税收调节社会经济的作用应用于个人养老年金的发展中,通过对个人养老年金实行一定程度的税收优惠,可以达到激发个人购买个人养老年金需求的结果。而个人养老年金税收优惠政策的制定也并非是单纯的财政税收政策问题,还需要考虑各经济主体对税收优惠带来的年金价格变动的反应以及这些反应相互间的作用。因此,各国对个人养老年金的税收优惠问题给予关注的同时,也采取了较为审慎的态度,通常会结合本国的经济发展状况做出决定并适时进行调整,以期在鼓励个人养老年金发展的同时,尽量减少对社会经济的其他方面产生不良的影响。那么,如何从现实出发,在我国较为特殊的政治、经济、文化背景下,考察是否要对个人养老年金实行税收优惠、实行什么样的税收优惠政策以及如何实现税收优惠政策,就显得非常有价值了。

围绕以上问题,本书对个人养老年金的税收优惠政策进行了一般均衡分析,并结合养老经济学的相关理论,在比较和借鉴国外已有政策的基础上,探寻不同背景下实现一般均衡的个人养老年金税收优惠政策。

X.2　国内外研究现状

在理论研究方面,国外经济学界对于养老保险进而对社会保险、社会保障的研究大多是从宏观经济理论的角度(Thoms etal., 2001; John, 1999),研究养老保险基金对消费、资本形成、经济增长等的影响(Martine etal., 1996),养老保险和代际关系(Martine etal., 1998)、养老保险基金运作管理、养老保险和道德风险、逆选择等。对养老保险的税收政策问题进行的研究多集中于对养老保险税收政策的原因分析和效应分析、养老保险税收优惠模式的选择、税式支出等方面。

X.2.1　关于个人养老年金的研究

现代的社会养老保险制度最早源自1889年的德国的《社会养老保险法》,经过长达一百多年的发展,世界上大部分国家都先后建立了自己的社会养老金制度。这个过程伴随着各个国家对养老保险制度的不断调整和改革。世界银行在1994年发布的《防止老龄危机》报告中就提出了养老金的"三支柱"模式❶,包括第一支柱的"公共养老金",第二支柱的"企业养老金"和第三支柱的"个人储蓄计划"。世界银行于2004年又出

---

❶ World Bank: Averting the Old Age Crisis: Policies to Protect the Old and Promote Growth R. Washington, D. C: World Bank, 1994: 10–18.

版了《21世纪的老年收入保障》一书,在书中将原有的"三支柱"概念延展为了"五支柱"概念,即在原有的"三支柱"基础上,增加了保障最低生活水平的国民养老金"零支柱"和由家庭或代际提供的非现金形式的"第四支柱"[❶]。

从国外对养老保险体系的研究来看,由于各国长期在养老保障体系方面的实践,积累了丰富的经验,因此对养老金三支柱实践的研究与"养老金三支柱"概念的提出相比,在时间上要早很多,对于个人养老年金的研究主要是集中在讨论其作为第三支柱的必要性及作用、个人账户制以及税收优惠等方面。特别是关于多支柱养老保障体系的重要性和必要性的研究成果非常丰富。多支柱养老保障体系不仅能够缓解人口老龄化带来的养老压力(Pollner,2010),而且既可以分散风险,又有利于政府进行高效的管理(William,2007)。也有研究者从不同地区或国家的角度分析老龄化对养老年金的影响,Williamson JB、Price M、Shen C(2011)指出老龄化问题在发展中国家尤其是东亚日益严重,于是分别对中国、新加坡等地区的养老保障体系进行分析,得出缴费型(DC型)养老计划最应该在中国加以实施。

个人养老年金对于一国的养老保障而言具有的重要补充作用,对于经济落后地区健全地区养老保障体系有巨大的帮助作用,可以促进一国的社会保障体系不断完善(Kay M,2014)。Daykin C(2002)认为从1978年起始,英国养老金协议退出制度极大促进了私人养老金的发展,同时有效平衡了国家养老金、职业养老金和个人养老金间的关系。在该制度的支持下,英国财政得以减负,节省了养老金支付成本。Ole Beier Soensen、Assia Billing,、Marcel Lever(2016)指出由于各国国情不同,多支柱养老保障体系的建立在不同国家面临不同的问题,他们对加拿大及北欧各国实施的多支柱养老金制度所取得的效果进行了详细分析和评估,发现各国政府的福利理念、设计养老保障制度的方式、国家与个人间责任划分等方面存在很多不同,导致多支柱养老保障体系在不同国家取得的效果也

---

❶ Holzmann, New Ideas About Old Age Security : Toward Sustainable Pension Systems in the 21st Century[C].Washington, D.C:World Bank Publication, 2004.

会存在明显区别。在一定程度上,一国的养老保障问题开始由社会问题逐渐演化为政治问题。

在我国,林毓铭、龚觉非(1996)较早地对养老金三支柱理论进行了关注和研究,总结了大量的国际经验,并结合我国的现实状况,提出在我国有建立多支柱的养老保险制度的必要性。郑秉文(2016)从制度的顶层设计角度出发,认为所谓养老体系的第三支柱即是由国家税收优惠政策支持的、个人投保形成的第三养老金账户。董克用(2016)则指出第三支柱个人养老金由个人自主自愿参保,政府通过财税政策加以引导而建立的积累型养老金制度,并建议将我国延税型商业养老保险称为"中国个人养老金(China Individual Pension)",第三支柱个人养老金应是以参保者个人为主导的一种养老保险,参保者可以根据自身收入水平和风险承受能力进行具体的参保决策,是能够适应不同群体的个性化需要的养老金。郑秉文(2016)通过调查认为,在美国和英国"投资型"个人养老金体系为典型代表,在它们的第三支柱制度框架下,个人养老金十分完善,民众普遍拥有个人账户,同时由企业主导的第二支柱建设程度也很高,所以第一支柱的替代率不高,国家和企业负担较轻。而我国社会保障制度经过多年的发展,第二、三支柱养老金体系的发展仍不理想,不平衡不充分的矛盾表现明显,社会基本养老制度占绝对主导地位,企业年金保险发展较慢,第三层次居民家庭和个人主导的养老保障处于缺位状态。如何推动我国个人养老年金第三支柱发展则成为大家讨论和关注的重点问题。

X.2.2　关于个人养老年金实行税收优惠的原因方面的研究

国外对养老保险税收政策的研究较早,Yarri(1965)以生命周期假说为理论基础,分析了税收对寿险需求的影响并做了规范性研究,从此开创了对养老保险与税收关系的研究。其中对个人养老年金实行税收优惠的原因方面的研究成果较多。

1. 从理性选择角度的研究

从公共政策的角度看,政府税收的其中一个目标就是尽量避免对市场的扭曲,因此政府对各类经济活动应采取"中立"的税收态度。从本质上讲,养老年金的缴款代表的是居民储蓄的补充部分,因此对养老年金所缴保费的税收政策应与对其他形式的储蓄对应的税收政策相一致(Dilnot,1992;Davis,1995)。然而我们所面对的实际情况恰恰相反,世界上几乎所有国家针对不同的储蓄形式(银行存款、债券、资产净值、住房以及养老基金等)采取的税收政策也有所不同。其中,养老金作为一种特殊形式的储蓄,在各国政府获得了普遍的税收优惠(Yoo and de Serres,2004;朱青,1996;朱仲群,2007;杨燕绥,2003;郑秉文,2019)。而这一做法同时也得到了学界给予的理论支持。原因在于,从短视或非理性的角度分析,人们往往不能预见他们在老年时的需要,也无法准确地预测出为了在退休后保持某种程度的生活水平和生活状态,需要储蓄多少数额的财产才行。因此,在这种状况下,解决人们短视的最有效的途径可能就是依靠政府的介入,即由政府通过特殊的税收政策给予为退休养老而购买"特殊商品"(年金保险)的人们以更多的税收优惠,从而诱使他们比在任其自由选择时购买更多的养老年金,诱导人们为自己的退休进行储蓄(Diamond,1977;Dilnot,1997)。也可以理解为,人们决策的非理性和短视成为政府干预养老金储备的一个最重要的原因。由此,可以得到的结论是,政府可以通过提供税收优惠,来激励个人对养老年金的购买,同时可以促进商业养老保险发展的作用;而个人养老年金保险的发展,又可以在一定程度上解决人们的短视问题,降低了老年人因退休后收入的不足而发生贫困的可能性。Larry(2006)认为发展中国家应该引入并普及延税型养老保险,在具体的实施上,他提出通过对高收入群体进行税收优惠额度限制,以体现制度的公平性。

2. 从人口老龄化角度的研究

近年来,世界范围内的人口老龄化已经成为一个不争的事实,而这种人口结构的变化给我们带来更多的恐怕是担忧和思考,即面对越来多的老年人,如何才能使他们获得经济上的保障,确保在退休后的日子里衣食无忧。而解决这一问题的首要制度支撑就是养老保险体系的建立与完善。在人口老龄化的背景下,第一支柱的公共养老年金所面临的压力将会越来越大,因此逐步降低过高的公共养老年金替代率,发挥个人养老年金的补充作用就成为一种现实的选择(Gruber,Wise,1999;郑功成,2002;Wise,2005;Van Ewijk,2006;Brian,Julie,Jennifer,2014;董克用,2016;孙宏,2017)。但是,从理论上讲,由于个人养老年金的需求弹性较大,任何增加购买成本的微小变化都会引起需求的大幅度下降,因此需要一定的激励措施来引导对个人养老年金的需求。税收优惠可以影响个人养老年金的购买成本以及未来净收益,从而在一定程度上改变各经济主体的养老保险行为(王颖,2002;李友元,2003;徐美芳,2005;朱铭来,2008;郑秉文,2016;孙宏,2017;朱俊生,2019)。

X.2.3 关于个人养老年金税收优惠模式方面的研究

1. 税收优惠模式

在税收方案的选择方面,按征税阶段的不同来区分不同税收方案是广大研究者的普遍做法。对个人养老年金而言,政府可以选择在三个运营时点上进行征税:第一,对企业和个人向养老保险计划缴纳保险款时计税(缴费阶段);第二,对养老保险基金取得的投资收益计税(投资阶段);第三,对养老保险计划向退休者支付养老金时计税(给付阶段)。如果用 T(Taxed)表示政府征税,E(Exempted)表示政府不征税,那么就可以把政府对养老保险的征税时点用一个简单的模式表示。即所谓的 TTE 模式、EET 模式、TEE 模式和 ETT 模式等,如 TTT 表示在各个阶段均征税、EET 表示仅在最后领取养老金时才征税(Knox,1990;Dilnot,1992;Piggot,1997;Doyle,1999)。根据不同税制的划分,以上四种税收模式可分为综合所得税制和支出税税制两类。综合所得税是指对纳税人所有来源的收入都采取同样的税率进行征税,TTE 和 ETT 模式都属于综合所得税制;

而 EET 和 TEE 模式是对所有财产的消费采取同样的税率征税,属于支出税税制。按照 Kaldor 的理解,在一个公平的所得税制下,纳税人应该是根据他们"从社会上拿走的东西多少"而不是"对社会贡献的大小"来纳税的。因此支出税制只有在人们将收入转化为消费时才需要纳税,是更加公平的。从这个意义上讲,支出税制更加符合公共财政的目标(Kaldor,1995)。

2. 税收优惠模式的选择

不同国家根据各自的经济发展情况和政策目标制定适宜的税收方案。总的来说,税收方案的选择往往是基于效率和公平的考虑而形成的(Atkinson,Stiglitz,1980;Myles,1995)。采用不同的税收优惠模式对个人养老年金的需求会产生不同的影响,目前的研究集中在对个人养老年金在缴费、投资及养老金三个环节的多种模式进行的比较(Everett.T.Alan,2003),但并没有得出一致的结论。各个国家往往在制定税收方案时,会综合考虑各自的经济发展情况、政策目标、社会传统等因素。例如,当年澳大利亚因要强制实施养老保险,所以采取了 TTT 模式,这也是 OECD 成员国中唯一实施 TTT 税收政策的国家。其他成员国更多的则是实施 EET 的税收政策,即在前两个阶段免税,仅在最后领取养老金时收税(Horne,2002;Yoo;de Serres,2004)。强制养老保险虽然可以提高养老金替代率,但会给社会和经济带来两方面的福利损失:一是养老保险费的交纳会对优化消费平滑产生流动性约束,尤其是对于低收入者而言,当然也会打乱高收入者的理财工具选择;二是对雇佣关系产生了税负影响(Free-bain,1998;Guest,McDonald,2002)。所以,自 2007 年 7 月 1 日起,澳大利亚开始转为实施 TTE 的税收政策,将最后一阶段领取养老金时要交的税负免除。Attanasio,J. Banks(2014)在研究中表示,对于社会养老保险参加资格的规定,由雇主为雇员提供,雇员按照自身意愿加入,参加保险计划后,雇主和雇员按照一定比例将钱存入退休账户,并且这部分资金免收个人所得税(EET)。

税延型养老保险在国内起步晚,目前还处于试点阶段,没有正式推广,因此国内的研究大多集中在对税收优惠模式的探讨,以及不同税收优惠模式对居民及政府财政成本的影响等方面。李晓晟(2011)列举了部分相关计算实例,然后基于计算数据探究了各种模式的优点和缺点,最终的讨论结果显示,个人税收递延型养老保险税收模式的最佳选择是EET模式。周建再等(2012)基于自己建立的个税递延的税式支出模型以及相应的替代率模型,测算了江苏省的相关数据,结果表明,商业养老保险的EET模式对财政收入影响小,且政府较小的税收让利能达到较高的替代率水平。吴祥佑、许莉(2014)通过分析征税模式转换与投保人、政府、社会福利变化的关系,提出国家实施个税递延可以用即期较小的税收收入减少,换取未来较大的养老支出,我国需要借鉴国际养老保险改革经验,开展个税递延型养老保险。他们基于自己的实证分析提出,我国当前的个人商业养老保险的税收模式为TEE模式,如果将其变为EET模式,无论是参保人的福利水平,还是政府的远期福利水平,都将得到很大的提高。马宁(2014)基于动态最优框架,建立了个人终身消费的最优路径,并在不同税收优惠模式下,采用上述路径来评价个人商业养老保险的效用。通过对比TEE、EET模式得出,在税率相同时,EET模式的个人商业养老保险要优于TEE模式,消费者更倾向选择EET模式的个人商业养老保险。郑秉文(2016)认为,对于个人商业养老保险要制订EET与TEE相结合的税收政策,对于正规部门的就业群体,他们作为纳税人,其单位"代扣代缴"成为他们建立账户和享有税收优惠的方便条件和"福利特权",因而他们非常适合EET型个人账户;而对于非正规部门的灵活就业人员、服务型行业雇员、流动性较大的季节工人等三个群体,TEE账户则比较合适。尹音频、刘美洁(2016)比较分析了个人商业养老保险的三种延税模式(EET、ETT、ETE)带来的个人税收优惠程度、对政府财政产生的压力以及相应的政府管理成本,认为EET组合的延税模式是递延型商业养老保险的最佳选择;袁中美、郭金龙(2018)比较EET和TEE两种税收优惠模式的优劣,并借鉴国际经验,认为应制定EET和TEE相结合的税收递延模式。大多数研究都认为个人补充养老保险的征税模式从TEE

到 EET 会对个人和政府福利水平都产生影响,会给投保人带来即期和跨期的所得税税率优惠以及资本利得净增加,而政府的福利水平则取决于保费工资支付比例以及投保人在当前工资水平下的个人所得税税率(白彦锋,董雨浦,2017)。

在税率水平的调整方面,有很大一部分研究习惯于针对即定税收政策,在现有税制与其他因素已经实现平衡的假设前提下研究税率的作用和影响(Kingston,Piggott,1993)。不过,由于税率往往是消费者预料之外的,所以会对其储蓄计划产生潜在的影响,进而最终影响到跨期财产的分配和消费情况以及福利水平的实现。尤其是对中年消费者而言,这种影响表现可能会更加强烈,他们会在很短时间仓促修改储蓄计划。不同的储蓄计划意味着对财富的重新分配作用(Atkinson,Creedy,Knox,1996)。也就是说,养老年金税率的调整会影响到消费者的闲暇价格以及与未来消费紧密相联的当期消费选择,进而也会影响到劳动力的供给与财富的储蓄(Creedy,Guest,2007;2008)。同时,养老年金税率调整或税收优惠本身就意味着政府部分财政收入的损失。在政府预算的约束下,这部分损失要么通过其他方面税负的增加来弥补,要么通过减少政府开支抵消。所以,如果税率调整幅度过大,终将会对劳动力供给、储蓄以及投资产生消极的影响(Davidson,Guest,2007)。有研究结果表明,养老年金税率变动对私人储蓄量的影响非常明显,但是,因受政府预算约束的影响,税率变动对劳动力供给的影响尚无法明确预测。

X.2.4　个人养老年金税收优惠成本及对社会福利的影响

养老年金的税收递延政策在国外起步较早,现已发展成熟,学者研究主要就集中在税收优惠政策产生的成本,以及对个人、家庭、政府、社会福利方面的影响。

1. 税收优惠模式的成本

需要注意的是,我们不仅要注重税收政策调整对养老年金保险发展的促进作用,而且还要看到相应付出的成本。Creedy(2008)就认为政府将因课税的后延而承受较大财政压力,税率降低或税收优惠是以牺牲政府一定的税收利益为代价的;Nishiyama(2011)认为引入税收递延不会同时增加国家财富和改善社会福利。与没有税收优惠政策时的税收收入相比,税收优惠政策会减少政府的税收收入,即产生一定的税收优惠成本,这里的成本也就是通常所说的税式支出(Surrey,1973;Koen Gaminada,Goudswaard,2008;Inger Johannisson,2013)。然而,这种代价也不是绝对的。因为深入考察税收优惠对经济的影响过程,就会发现税收优惠在减少财政收入的同时,也会形成一种收入"自偿"机制,即税收优惠程度越高,政府放弃的税收收入直接或间接地转移到纳税人身上的就越多,从而提高个人养老年金的消费倾向,扩大社会需求,终将从其他税收中弥补政府的财政收入损失(朱铭来,2008)。由此可见,税收优惠成本的多少,直接影响到政策的运行效率和实际成效。所以,政府部门需要对具体的税收方案进行选择,并对税率的调整水平进行测算,以将其列入财政预算之中,为制定税收优惠政策提供实施依据(Whitehouse,1999;Inger Johannisson,2013)。

2. 税收优惠模式的福利

税收优惠对个人、家庭、政府以及社会福利方面的影响如何,是国外学者的研究重点之一。比较早的研究者David(2001)等认为税收优惠能切实有效地延缓缴税,从而降低居民税收负担,但单身或有家属的家庭参与税延退休储蓄计划的可能性较小。Paul Bridgen 和 Traute Meyer(2014)对德国养老保险制度进行了研究,认为德国经过历次养老保险改革后,使得德国技术性人才和普通员工的福利待遇越来越低,从而使得年轻人失去学习技术的动力,从社会整体角度来看,并不利于社会福利的增长。另外,大多数研究都认为个人养老年金的征税模式与其产生的福利效应水平有关。通过研究得出,从 TEE 到 EET 都会对个人和政府福利水平产生影响,会给投保人带来即期和跨期的所得税税率优惠以及资本利得的净增加,而政府的福利水平主要取决于保费工资支付比例以及投保人在当前工资水平下的个人所得税税率(白彦锋,董雨浦,2017)。

X.2.5　关于税收优惠对个人投资组合影响的研究现状

国外大量的实证分析和研究证明,个人所得税制对个人投资组合的影响极为显著。Feldstein(1976)是第一个使用计量经济学方法研究税收优惠模式和投资组合构成的关系的人。他认为,人们对某种可投资资产的选择会受到税收、财富状况、年龄、性别和未来财富增值状况等因素的影响,并以此为依据建立了理论模型。通过使用联邦储备委员会提供的有关美国家庭1962年的统计数据,Feldstein发现,在其他因素相同的情况下,税收政策会对投资组合产生非常显著的影响。当时美国政府对于权益类资产给予比较优惠的税收政策,因此处于高边际税率的人群更愿意使用股票、年金等享受优惠的投资工具作为避税的途径。Feldstein的实证研究恰恰证明了这一点,即边际税率越高的人在股票、年金方面的资产比例越高。

此后,不同国家的样本数据被用来对同一个问题进行了实证研究,例如,Hubbard(1985)使用美国数据通过实证分析研究了边际税率、养老金资产的数量以及养老金的构成对投资组合构成的影响;Dick-Mireaux和King(1983)使用加拿大的1万个样本数据进行了类似的研究;King和Leape(1984)通过使用6010个英国家庭的数据进行了分析(由于数据全面翔实,他们可以掌握每个家庭的收入、税收和退税,因此可以计算所有的参数,所得出的结论有较强的说服力),另外,Agell和Edin(1990)对瑞典的家庭也做过相同的研究。毫无例外的是,这些研究结果都表现出一种关系的存在,即政府的税收优惠对家庭和个人持有资产类型的决策具有极大的影响:那些不能够得到政府税收优惠的投资产品(如注册房屋储蓄计划和商业股票投资)不仅购买的人少,而且即使购买,购买的量也会比较少,而有税收优惠的投资产品(如注册退休储蓄计划)则会因为可以充当避税的工具而受到人们的青睐,购买的人数较多,人均购买的量也会更大（周发兵，2012；郑秉文，2019）。可见，税收优惠会刺激人们选择将可以避税的养老产品纳入投资组合。

以上研究的出现，证明了享有税收优惠的个人养老年金成为大众储蓄或投资的一个极具吸引力的工具，由此而促进了个人养老年金在OECD 国家的发展。OECD 国家的实践经验表明补充养老保险的储蓄流量与税收优惠具有明显的相关性。英国自1986 年开始实施社会保障法案，这项法案的目的就是要鼓励 DC 型的补充养老保险计划及个人储蓄型养老保险的发展。因此，1987 年享受税收优惠的资产吸收了大约全英储蓄总量的75%（Leape，1990），到1994 年底英国2/3 的雇员参加了补充养老保险计划（Barrientos，1998）。美国在1974 年开始实施个人退休金账户（IRAs），主要是为那些没有参加养老金计划的雇员提供一项补充养老储蓄计划。自1981 年该项目开始扩展并适用于所有的家庭，而且基金缴款限额也在经济复苏税收法案下得到了提高。在一年中，缴款数量从50亿美元增加到280 亿美元，到1986 年个人退休金账户中的储蓄额占到了总体个人储蓄总量的1/5。但是由于1986 年的税收改革法案中规定，高收入纳税人如果同时拥有雇主所提供的养老金计划则不能享受缴款额部分的免税待遇，IRAs 的数量在1987 年马上下降了62%，并且从此以后一直保持在低水平上（Hubbard and Skinner，1996）。除此之外，二者的相关性在其他一些国家的实践中也得到了证明。Huntley J 等（2014）利用了结构化模型及回归模型分析了税收优惠对消费的影响，研究结果表明，美国在税后优惠之前居民存在明显的消费过度现象，税收优惠的施行有效地激励了居民进行储蓄从而平滑消费。

X.2.6 关于税收优惠和个人养老年金需求及规模方面的研究

在有关这一问题的实证分析中最具代表性的是 Davis（1995）的研究。Davis 将世界各国的养老金占 GDP 的比例作为被解释变量，通过多个因素，如社会保障替代率、税收优惠模式、养老保险体系是否强制、养老保险体系是否成熟以及税率来解释这个变量。这项回归分析发现,对商业养老保险的税收优惠待遇(商业养老保险的税收采用 EET 模式或 TEE 模式)与养老金的筹资率增长具有相关性。税率的变化会引起养老金产生21% 的反向变化。他提出,在宏观层面上对商业养老保险给予的税收优惠是商业养老保险得以生存抑或是增长的主要原因。Houston、Melander 和 Hammond(1967)研究了影响养老保险需求的因素,认为人们购买养老保险主要与其收入、受教育程度和家庭所处的生命周期阶段有关;Cameron(1987)的研究分析认为寿险需求与通货膨胀呈反方向变动的关系。

根据 Ippolito(1990)的研究发现,美国除公共养老基金之外的补充性养老基金的增长迅速,以超常规的速度进行扩张,究其原因,主要是因为投资于这些养老基金能够得到政府的税收优惠,而这种税收优惠激发了人们的热情,带动了人们对养老年金的有效需求。据 Ippolito(1990)的估算,中等收入水平的工人因为养老基金的税收优惠政策,可以在退休后领取养老金收入时少缴纳 20% 的税款。至于那些高薪金收入的工人,从税收上享受的优惠更是达到了他们退休收人的 40% 左右。更确切地说,补充性养老年金在面临最高税率的人群中的覆盖率可以达到最大,而且税率越高时增长速度也越快。另外,Yoo 和 de Serres(2004)对欧盟的私人养老金计划在不同的税收条件下积累额如何变化以及实行相应税收优惠政策产生多大的成本和影响进行了测算,他们认为给予合适的税收优惠政策对养老金的积累和增长都有很大的促进作用,但其税收漏洞问题也同样是一个不可忽视的问题。Inger Johannisson(2013)认为税收优惠是个税递延型养老保险展的前提条件,按照政策规定,应从收入中直接扣除个人所得税,并转入个人账户,从而使得居民收入更多地流入自己的养老金账户。这不仅可以吸引大量居民购买税收递延型养老保险,同时对于每年需要交纳大量税收的企业来讲也是具有很大幅度的优惠。

也有一些学者着重于从收入效应和替代效应两个方面对税收优惠对个人养老年金的需求进行分析。王亮(2014)就认为个税递延优惠政策会产生收入效应和替代效应,并对寿险市场的需求产生影响;郑秉文

（2016）认为，要改善第三支柱商业养老保险的缺位，在制度设计上应该
充分发挥税收优惠的作用；蒋丽彤（2018）利用戴蒙德模型分析 EET 模式
下个税递延养老保险的储蓄效应和消费效应，认为税优养老险能否真正
影响到国内储蓄并刺激消费，应综合权衡各方面利弊。需要注意的是，
与国外的实证研究相比，国内的学者偏重于将税收因子作为一个外生变
量来看待，分析其对价格或收入等因素的影响，进而作用于养老产品的
需求，而对税收因子直接引入养老保险需求实证模型的分析很少。

X.2.7 关于个人养老年金一般均衡分析的研究

养老年金税收政策的变动会直接改变税收负担的分配，进而影响到
消费者的财富跨期分配计划。通过消费者财富分配计划的调整，养老年
金税收政策的冲击被传递到整个国民经济的诸如生产、消费、储蓄、投资
等各个领域。由于有关税收政策的效果研究绝非只是简单地回答税收
负担在不同纳税主体之间的分配问题，还要回答税收政策实施后的经济
影响等更为重要的一些问题，因此，要想弄清楚养老年金税收政策变动
所产生的影响，就必须考察各个经济主体对养老年金价格变动的反应程
度、反映方式以及这些不同主体相互间的作用关系。这就需要建立一个
包括总供给和总需求的联立体系的分析框架。显然，这一过程可以通过
一般均衡分析得以实现。而可计算一般均衡模型（Computable General
Equilibrium，CGE）的出现使这一问题变得简单并具有了可操作性。

基于生命周期理论的 CGE 模型由美国学者 Auerbach 和 Kotlikoff 于
1987 年提出；1989 年，他们用此模型对国际经合组织 4 个成员国的人口
老龄化与社会保险体系进行了带有储蓄行为的生命周期分析；1998 年，
加拿大渥太华大学的 Marcel Merette 与 Ketil Hviding 合作，利用可计算的
一般均衡模型分析了国际经合组织 7 个成员国（包括加拿大）的人口老龄
化与养老保险系统改革的问题；2000 年，Marcel Merette 与加拿大国家人
力资源与开发部的 Maxime Fougere 合作，采用可计算一般均衡模型整合
了跨际迭代模型（Overlapping Generations，OLG），研究了加拿大劳动力资

源结构变化的趋势,以及加拿大与其魁北克省的养老金改革计划(CPP/QPP)、注册退休储蓄计划(RRSPs)和注册养老年金计划(RPPs)的实施对国民经济和居民消费的影响;2003年,Merette又与法国的Jean Mercenier合作,用可计算的一般均衡模型探讨了加拿大不同区域的人口老龄化和经济发展的关系,以及跨地区经济合作、贸易往来与可持续发展问题。

　　传统的CGE模型一般为静态模型,只考察单个时期的经济情况。在一些情况下,为讨论特定问题,如财政政策、人口变化等跨时期的社会和经济效应时,特别是研究由于年龄结构变化引起的养老保险制度改革和对社会经济影响等发展问题时,必须在静态均衡模型中引入时间因素,向动态均衡模型转变,以保持每个时间段的一般均衡。可以说,动态均衡CGE的产生是静态CGE的一大进步,能将研究的视野拉得更长,因而也就更加符合实际。当然,动态均衡模型的求解也更加困难和复杂。不过,美国GAMS公司近年来开发的通用数学建模软件(General Algebraic Modeling System,GAMS)为这种多变量、非线性、动态的CGE模型求解提供了强有力的计算机仿真支持,体现了现代计算机仿真技术在经济政策模拟方面的优势(Brook、Kendrick、Meeraus和Raman,1998)。目前,CGE模型的研究对象遍及宏观公共政策、微观产业政策、国民经济预测、人口老龄化以及养老保险体系改革等各个方面。它的应用是现代经济理论的一个重要发展。目前,世界各国经济学家已经建立了不同国家和地区的几百个CGE模型。

　　就我国在此领域的研究而言,近年来也有学者通过借鉴国外研究方法,或者与国外学者合作,开始采用CGE模型来研究老龄化对经济的影响,尤其是在研究现行养老保险体系存在的问题上已经取得了一些很有价值的研究成果。交叠世代模型(OLG)近年来也被国内学者广泛应用于有关养老保险体制改革的研究,从不同角度用数学方法推导出结论。但目前CGE模型应用的主要不足之处在于没有采用计算机仿真计算,从而使模型缺乏数据支持,存在一定的局限性。

　　综上所述,从国内外研究成果看,各国学者和研究机构在有关税收优惠可以促进个人养老年金需求的理论研究方面,已经有所共识,这为本书继续进行这些方面的分析提供了良好的借鉴和参考。而且,国内外学者都对递延型商业养老保险个人所得税政策的福利效应进行了探讨,大家普遍认为对个人养老年金给予一定的税收优惠具有积极的社会效用,其有助于增加社会福利;国内外学者从多方角度、采取各种研究方法,深入研究了税收优惠对税延个人养老年金需求的影响,学者们普遍认为税收优惠会增加个人对商业养老年金的需求量,从而促进个人养老年金的发展。

国内外研究的不同之处在于,国外学界对于第三支柱的研究更加丰富,尤其是因为国外有着较多的制度实践经验,这也为学术界对制度的可行性、效果等方面的研究提供了大量的研究素材。与养老年金的理论研究相联系,国外学者更加注重对于个人养老年金税收优惠的实证研究。尽管他们选取的研究时段和地域的样本有所差异,研究结论也不尽相同,但大部分的实证研究结论对于税收优惠的正面效应给予了支持。国内目前的有关研究拓展的领域比较宽,除了对税收优惠国际经验的介绍和借鉴方面,还探讨了个人养老年金的税收优惠可能带来的种种好处,包括对个人养老年金税收优惠整体上系统的研究和分析,以及从定量的角度开始分析不同个人养老年金税收优惠模式及其优惠程度对宏观经济的影响。但是应该看到的是,对于个人养老年金税收优惠的实现机制究竟如何,尚缺乏深入的分析和研究,而这些问题恰恰是最值得研究,也是最不容忽视的。此外,我国学者还从递延型税收优惠对政府财政收支的影响以及政策的公平性问题两个方面进行了研究。综上可知,目前我国学者对递延型个人养老保险的研究主要是从宏观上来考虑其效应,涉及具体的个人所得税政策以及该政策实施对个人所得税负担影响的研究比较少。

X.3　研究内容与研究方法

X.3.1　研究内容

本书在论述个人养老年金理论并分析各国个人养老年金税收政策的必要性、目的、要素要求和所涉及的税种、模式、分类及其经济效应的基础上,对当前中国个人养老年金及其税收优惠政策的实践进行了阐述,运用可计算一般均衡模型对个人养老年金的税收优惠政策进行了仿真模拟,在此基础上提出了进一步完善中国个人养老年金税收优惠政策的整体构想。

全书共分为六部分。

第一部分,绪论。主要介绍了我国人口老龄化背景下的养老保险体系,在对三支柱养老体系的基本情况进行介绍的基础上,提出本书的选题背景、选题意义和主要内容,对国内外个人养老年金税收优惠方面已有的研究成果进行了归纳总结,并指出本书的主要研究方法。

第二部分,个人养老年金税收优惠的理论研究。本书在收集和整理国内外相关问题已有研究的基础上,将个人养老年金税收优惠政策与劳动、生产、消费、政府等联系起来形成一个整体分析框架,从宏观的角度探讨该种税收存在的必要性及其对社会、经济带来的影响,为后面的研究提供理论支撑。首先,从养老保险体系的整体框架出发,对个人养老年金进行界定,认为个人养老年金是对公共养老年金的补充,以此来确定本书所要研究的范围。其次,由于个人养老年金是由团体和个人自愿购买的,国家通常采用一定的鼓励措施,而税收优惠恰恰是最有效的措施之一,因此,本书对税收优惠的经济学理论进行阐述,并在此基础上分析税收优惠政策对个人养老年金的经济效应。

第三部分,个人养老年金税收优惠政策的国际比较。本书选择美国、澳大利亚、智利、瑞典等有代表性的国家,从历史沿革、影响因素、发展现状等方面比较个人养老年金的税收政策异同,并建立相应的国际比较体系;在此基础上,总结归纳不同税收政策(TTT、TTE、ETT、EET等)的优缺点。通过对各国个人养老年金税收优惠政策的分析,为我国个人养老年金的税收优惠政策的安排提供一些借鉴和经验。

第四部分,中国个人养老年金税收优惠的现状分析。这一部分首先就目前国内的人口老龄化趋势作出分析,指出由人口老龄化所引发的养老保障问题日益突出,考虑到公共年金的有限性,需要个人养老年金发挥补充作用。其次,从经济发展和寿险业的预期来看,我国个人养老年金仍有进一步发展的空间,而其进一步的发展需要政府税收优惠政策的支持。在此基础上,结合中国实际情况,做出具有中国特色个人养老年金税收政策选择的定性分析。

第五部分,中国个人养老年金税收优惠政策模拟。在这一部分通过研究中国不同年龄段人口的储蓄和消费行为构建合理的OLG模型,将之与CGE模型进行整合,设计CGE模型的结构、方程、数据、标定过程,对不同税收政策及相应税率对中国个人养老年金影响进行动态的一般均衡定量分析。

第六部分,中国个人养老年金税收优惠政策设计。根据CGE模型仿真的数值解,综合比较不同税收政策及相应税率条件下中国个人养老年金的发展变化情况,以我国构建养老保险体系为目标,结合我国税法及相关规定的特点,认为分阶段选择不同的税收优惠模式是比较可行的。与现行个人所得税制相一致,结合我国人均收入水平及养老保险需要确定税收优惠的程度;在个人所得税制有所变化的情况下,可以考虑不同的优惠模式,以期获得更好的激励效果,推动个人养老年金的发展。并结合定性与定量分析的结论,给出了可持续发展的战略选择,提出了相应的政策建议。

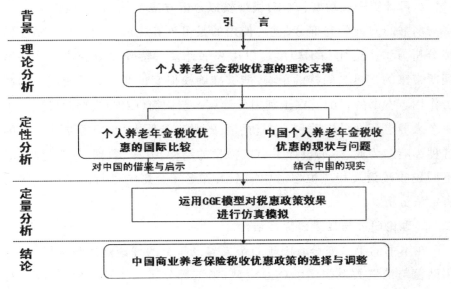

图1-1 研究思路

X.3.2 研究方法

本书在个人养老年金税收优惠的理论分析基础上,重点对我国个人养老年金当前的税收政策以及试点的基本情况进行了描述,并对试点地区在实施个人养老年金税收优惠政策中存在的问题进行了探讨;运用CGE模型模拟评估出适用于我国个人养老年金税收优惠的模式,并以此为出发点,提出了改进个人养老年金税收优惠政策的建议和意见。本书采用的研究方法主要有以下几个:

1. 定性分析与定量分析相结合

本书首先对个人养老年金的相关理论进行了梳理和阐述,在此基础上,通过研究中国不同年龄段人口的储蓄和消费行为构建合理的OLG模型。本书结合我国养老保险体系改革的预期目标及利率水平、工资增长率、退休年龄等因素,对我国个人养老年金的税收优惠程度进行定量分析,来为制定具体的税收优惠政策提供参考。

2. 可计算一般均衡(CGE)模型模拟分析方法

本书的实证研究部分,主要使用的是可计算一般均衡(CGE)模型模拟分析方法。运用CGE模型可以用来估计某一特殊政策变化对经济发展所带来的直接与间接的影响,能够准确模拟变量变动对系统产生的冲击作用。本书的目的就在于利用可计算一般均衡(CGE)模型来模拟分析由个人养老年金的有关税率变动引发的对于参保人、政府等主体产生的各种影响。为此,本书设计了CGE模型的结构、方程、数据、标定过程,对不同税收政策及相应税率对中国个人养老年金影响进行动态的一般均衡定量分析。

3. 理论研究与政策研究相结合

在本书的第二部分着眼于对个人养老年金的理论阐述与分析,并运用储蓄与消费关系构建了OLG模型;第三部分运用比较分析的方法,对世界各国个人养老年金税收政策的现状进行了介绍;第六部分在借鉴比较的基础上,结合我国个人养老年金税收优惠的实践情况,得出我国完善个人养老年金税收优惠政策的建议。

X.4　创新点

我国个人养老年金的税收优惠问题一直是国内外学界研究者和实践操作者们关注的问题,本书在前人研究的基础上,主要进行了以下几个方面的拓展和创新。

第一,与目前研究保险税收政策的文献不同,本书对中国个人养老年金的税收方案、税率、递延纳税抵扣范围等进行定量的深入分析。按照个人养老年金税负的征收特点刻画税收CGE模型,并根据中国个人养老年金税收优惠政策设计可能的方向选择,用CGE模型对税收优惠政策的经济影响进行政策模拟。

第二,多角度考察个人养老年金税收优惠模式的效应。既从个人养老年金的买方即消费者的角度,分析个人养老年金税收优惠政策对个人效用的影响;又从税收政策实施者即政府的角度,探讨了个人养老年金税收优惠政策对政府税收的影响;同时,还分析了个人养老年金税收优惠政策对社会福利水平的效应。

第三,本书从个人养老年金税收政策的实施背景入手,对在税收优惠模式选择上有代表性的典型国家进行了较为详细的介绍,并对各种不同税收优惠模式的效果进行了比较分析,总结归纳出税收优惠模式选择的一般规律和可供我国借鉴的经验。并以中国的实际情况为背景,选择适合我国政策参考的、可持续的个人养老年金税收优惠政策的动态调整框架,给出了具有实践意义的意见和建议。

第1章 个人养老年金税收优惠政策的理论基础

为解决全球普遍面对的人口老龄化,解决越来越多退休人口的养老问题,各国政府普遍建立了三层保障的年金制度,依次为公共年金、职业年金以及自愿性个人养老年金。而其中的个人养老年金(即个人年金保险,商业养老保险)是本书研究的核心。

1.1 个人养老年金的相关理论

随着人口老龄化社会的到来,世界各国都面临着日益严重的养老问题,也都在积极探索养老保障体制的改革。20世纪90年代,经合组织、世界银行等国际组织提出要求各国建立三支柱养老保障体系的建议,并得到各国的支持和采纳,普遍建立了以三支柱为核心的养老保障体系。经过几十年的发展,"三支柱体系"在全世界的运用已经出现了一些不同。从世界各国养老金的组织形式来看,既有政府作为发起人提供的公共养老保险,也有以市场主体作为发起人的补充养老保险,而市场提供的养老保险又可分为由企业提供的企业年金和商业保险公司提供的商业养老年金。

我国的养老保险体系始建于20世纪90年代,1991年6月26日,国务院发布《国务院关于企业职工养老保险制度改革的决定》,该决定中第一次明确提出"随着经济的发展,逐步建立起基本养老保险与企业补充养老保险和职工个人储蓄性养老保险相结合的制度"。由此奠定了我国三层次的养老保险体系的整体框架,并且进行了积极的探索和改革,最终形成了目前的三支柱的养老保险体系。

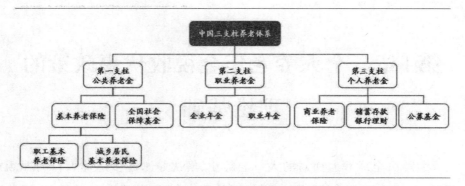

图1-1　中国三支柱养老体系

资料来源：国泰君安证券研究。

第一层次是由国家依法建立的具有法律强制性，通过缴费筹资的，广覆盖、低水平的基本养老保险（也称之为公共年金或公共养老保险）。实行社会统筹和个人账户相结合，国家与个人均负担养老金筹资的义务。即国家根据法律规定要求所有符合条件的企业员工及其用人单位，按照工资的一定比例缴纳一定的保险费作为退休之后的收入来源，从而为社会劳动者及居民提供最基本的养老保障。

第二层次，是依靠企业和个人缴费筹资、个人账户为主的、养老金与缴费挂钩的、完全积累型的补充养老保险（也称之为企业年金）。企业年金是一种由单位自愿为职工缴纳保费，旨在提高职工退休待遇、弥补基本养老保险替代率不足的做法。企业年金的运用，主要针对有能力的企业的员工，企业和个人按照员工的工资缴纳一定比例的金额作为保费，员工退休后可以领取该类型的养老金。企业年金是公共养老年金的很好的补充，能够对提高员工退休后的收入水平起到一定的补充作用。

第三层次，是个人自愿购买的养老保险（个人养老年金），目的是满足退休后老年人更高水平的生活要求，用于改善被保险人的老年生活。个人养老年金既不像公共年金那样具有强制性，也不像企业年金依赖于员工所在企业投保的意愿与能力，完全是投保者个人根据自身收入状况自愿购买，以便退休后获得额外收入的一种养老保险。个人养老年金在养老保险体系中起着重要的补充作用,丰富了我国社会养老保障体系。本节就个人养老年金的相关理论进行分析。

1.1.1 个人养老年金的界定

目前国内对"年金""年金保险"的认识不一,在研究个人养老年金的有关问题之前,本书先就年金、年金保险及个人年金保险的范围加以界定。

1. 年金和年金保险

"年金"英文翻译是"Annuity",是指在生存期内每年定期获得一定金额的收入,或作为一种提供定期的每年支付的收入保险形式❶。由此可见,"Annuity"主要是指生存期内的定期的支付方式,也就是按有规则的时间间隔提供的一种收入保障方式。

年金保险是以订立年金保险合同的形式签发的,一般从年金购买日起生效,至期满日或特定事故发生日终止,生效日和终止日之间的时间为年金期间。完整的年金期间一般包含相互衔接的累积期和清偿期,如图2-2所示。

图1-2 年金的积累期和清偿期

从性质上看,年金保险就是按照保险原理和技术进行经营和管理的年金,即由商业保险公司经营的年金保险。

2. 个人养老年金(个人年金保险)

本书所研究的个人年金保险,即指个人养老年金。是由劳动者个人和家庭根据自己的收入情况,通过向商业保险公司投保个人养老年金的

---

❶ *The Advanced Learner's Dictionary English-English-Chinese*, p. 780, p. 38. Oxford University Press(HK).1978, Tenth impression

方式建立的补充性养老保险,是用以满足个人退休后较高的生活需要而进行的商业性保险行为。

个人养老年金根据是否设立个人账户,可分为传统型年金保险和账户型年金保险。

(1)传统型年金保险

传统型年金保险不设立个人账户,年金积累利率在出单时一经确定就不再改变,其投资风险完全由保险人承担。通常情况下,个人养老年金的受领人在年轻时参加该年金保险,按月交纳保险费至退休日止,在法定退休年龄的次日起开始领取养老年金,直到受领人死亡为止,作为年金受领者可以选择一次性给付或分期给付年金。如果年金受领者在法定退休年龄到达之前死亡,保险公司则会退回累积的保险费(计算利息或不计息)或是现金价值,依据额度比较大的测算而定。在累积期限内,年金受领者可以选择终止保险合同,领取退保金。

(2)账户型年金保险

账户型年金保险则设立个人账户,此账户以年金持有人名义设立,其投资风险由年金持有人承担。设立的个人账户分为两种:其一,为一般账户,该账户设立有最低保证利率,是由保险人和年金持有人共同分担投资风险的一种形式;其二为分离账户,该账户内资金的投资风险完全由年金持有人自己承担。这一个人账户的设立,使得年金保险在积累期的资金积累方式上发生了根本性的变化。账户型年金保险与传统型年金保险有两个最主要的差异:账户型年金保险的积累利率是根据市场利率状况变动的,而传统型年金保险的积累利率一经确定就不再更改;账户型年金保险在积累期间是以确定年金方式积累资金,而传统型年金保险则是以保险方式积累年金。

3. 个人养老年金的主要特征

(1)个人养老年金的购买是完全自愿的

个人养老年金是在完全自愿的基础上建立的个人储蓄养老计划,它不像社会养老保险那样具有强制性,其建立是以个人的自愿选择为基础的。购买商业养老保险完全是个人为了应对将来可能遇到的养老风险而进行的策略选择,因此养老年金的购买人在选择商业保险公司以及养老年金的类型方面具有完全的自主权。我国的个人养老年金产品由保险监督管理委员会指定符合条件的保险公司经营,由保险公司对收取的保费按一定的投资组合进行运作,确保其能够实现保值增值。由于个人养老保险产品多样,经营方式灵活,因此能够适应社会不同收入水平、不同层次的人群对养老保险保障的需要。

(2)个人养老年金具有较高的安全性

消费者购买个人养老年金,是出于获得更高养老保障的目的,因此基本考虑的是安全感。保险人出于满足消费者这一需求的考虑,在出售养老年金产品时,会提取较大金额的法定责任准备金以及资产评估准备金(对年金产品而言,在美国、加拿大等国家,要求额外提存的准备金,目前我国尚无此要求)(Asset Valuation Reserve, AVR)来保障年金领受人的利益;除此之外,因为养老年金关系到社会大众的退休收入问题,监管部门也对积累基金的资金运用做出了多种限制,投资种类及范围的规定均较为谨慎和保守,以确保资金运用的安全。

(3)个人养老年金具有收益性

对于账户型的个人养老年金产品,在积累期间有法定最低保证利率,而其他的投资产品都没有这一项。最低保证利率的作用在于保证被保险人在最坏经济情况下,保险人所给予的利率不可低于此下限,如市场利率低于此下限,保险人必须使用其资本、盈余甚至可增资或借款进行弥补。正是此项保证利率的存在可以使年金购买者在低利率时期仍保持一定的收益水平。通常情况下,保险人会衡量自身投资能力并对未来市场的预期进行判定,为年金领受人提供比法定最低保证利率稍高的保证利率。

(4)个人养老年金可享受税收优惠

虽然个人养老年金是一种完全自愿的养老保险制度,但政府通常会通过在购买时、积累期、领取年金给付时的税收优惠来吸引消费者的参与。而其他的投资型和储蓄型产品却无此优惠。

4.个人养老年金具有正外部性

商业年金保险属于商业性质的养老保险产品,其供给和需求应完全由市场决定,但是由于商业年金保险的正外部性的存在,使得其市场的供给与需求出现不足。

西方经济学关于外部性的定义中比较经典的是:如果某个人的效用函数(或企业的成本或生产函数)不仅取决于他自己所能控制的变量,而且取决于别人控制的某些变量,而后一种影响无法通过市场交易解决,即存在外部性。用公式可以表示为:$U_A = (X_1, X_2, X_3, \cdots X_n, Y)$。这里的 U_A 是某人 A 的效用,X_n 是 A 所从事的第 n 种活动的量。外部性的发生就是说,如果 A 的效用,不仅受到其所控制的活动 X_1, X_2, X_3, $\cdots X_n$ 的影响,还会受到另一个人控制的活动 Y 的影响。外部性有正负之分,如果除 A 之外存在单个经济单位无偿地享有了额外的利益,则称为外部经济;如果除 A 之外存在单个经济单位承受了不是由他导致的额外成本,则称为外部不经济。

由外部性的经典定义出发,可以发现个人养老年金产品也具有外部性。个人养老年金的外部性是指个人养老年金在可以满足投保人或被保险人自身养老保障的基本功能之外,对于整个社会养老保障体系乃至社会经济发展产生的影响和作用。也就是说,个人养老年金的私人收益与社会收益❶出现了不一致,其社会收益通常而言大于私人收益,即意味着个人养老年金存在着正的外部性。

---

❶ 个人养老年金的私人收益是指保险公司和被保险人从其保险活动中获得的收益;社会收益是指整个社会养老或经济发展从个人的保险活动中获得的收益。

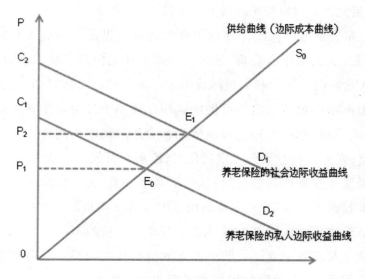

图1-3　养老保险的社会福利❶

图1-3中 S_0 为保险公司的边际成本曲线即供给曲线；D_0 为保险公司的私人边际收益曲线，边际收益等于边际成本，均衡点为 E_0。此时的生产者剩余为 P_1E_0O，消费者剩余为 $P_1E_0C_1$。在个人养老年金存在正外部性时，其社会边际收益等于边际成本，却大于私人边际收益。图1-3中的点 E_1 为社会边际收益与边际成本相等的均衡点。图中 P_2OE_1 的面积代表生产者剩余，$P_2E_1C_2$ 的面积代表消费者剩余。由此可见，社会总福利水平因个人养老年金的存在而得到了一定程度的提高。社会总的福利水平的提高程度以及福利提高部分在生产者和消费者之间的分配关系则取决于养老年金产品需求弹性的大小以及个人在多大程度上参与了个人养老年金计划。

在市场机制自身的作用下，产品的外部性是可以得到有效解决的。但是当某种产品具有非常大的正外部性时，就可能会影响生产者和消费者的决策，导致市场失灵的出现，此时就需要政府通过一些手段来加以安排和调节。个人养老年金的外部正效应是巨大的，因为就养老保险而言，在为个人提供养老保障的同时，也为国家提供了一个稳定机制和动

❶ 段家喜.养老保险制度中的政府行为[M].社会科学文献出版社,2007年,第57-58页.

力机制,因此需要政府给予政策上的支持。

　　个人养老年金巨大的外部性带来的直接后果是市场供给和需求的不足:首先,从供给角度来看,保险公司作为养老保险产品的供给者,是根据私人边际收益等于私人边际成本来决定产品供给数量的,而在这一原则下由市场决定的产品的可供给量却远远小于社会对于该产品的需要量,也就是说,在社会边际收益等于社会边际成本的均衡点上确定的产品数量,在外溢收益大到一定程度时,市场有可能是不接受的,即供给者会选择放弃该种产品的供给;从需求角度来看,养老保险的正外部性对其需求起到了抑制作用,主要是由于购买者在购买养老保险时的个人收益是小于社会收益的,造成个人养老年金购买量的不足。

　　面对个人养老年金巨大的外部正效应所导致的养老保险市场供给与需求的不足,作为政府应出面加以解决。因为,政府的主要职责之一就是纠正外部性导致的市场的无效率。对于个人养老年金的外部性,政府较为理想的解决方法是税收政策的运用:政府可以通过税收优惠提高保险公司供给养老保险产品时的私人边际收益,使之接近社会收益,这样就可以提高商业保险公司对养老保险产品的供给;同时,政府也通过向个人养老年金的购买者提供税收优惠,从而降低其购买成本,提高其投保需求。

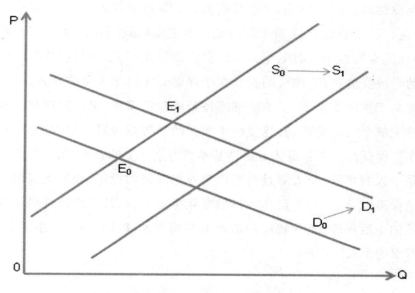

图1-4　政府税收政策对养老年金供求的影响

　　如图1-4中,当政府给予保险公司税收优惠时,不论该种税收优惠的作用机制如何,最终都会使保险公司的成本有所下降,其供给曲线由 S_0 向 S_1 移动,保险年金产品的供给量增加;而政府对消费者在购买个人养老年金时给予的税收优惠,会变相增加个人用于购买养老年金的收入,导致消费者的需求曲线由 D_0 向 D_1 移动。这样,养老保险的供给和需求在新的位置达到均衡,图中以 E_1 点表示,可见,相对于原来的均衡点 E_0 而言,所对应的养老保险产品均衡数量有所上升。

1.1.2　个人养老年金与公共年金、企业年金的比较

　　1994 年,世界银行为解决全球普遍面对的高龄化社会而延伸出的老年所得保障(Old-Age Income Security)问题,提出"避免老年危机(Averting the Old Age Crisis)"的研究报告,针对老年人退休生活的安排提出了建议,即对退休金提出所谓三层式保障的建构模式(a Three-Pillar Model),各国政府可以通过三层保障的年金制度解决退休人口的养老问题。根

据保障性高低,可以将退休年金依次划分为强制性公共年金(以税收筹资、进行公共管理)、强制缴款的私营养老金(私人管理、实行完全积累制)以及自愿性个人养老年金。就责任归属而言,第一层次的保障所强调的是政府的责任,政府的责任在于保障老年退休人员的收入,相当于或略高于贫困线水平,基本能够维持最低生活需求;第二层次则强调企业雇主或个人的责任,其建立的主要目的是要减轻第一层次的负担,责任在于保证能为老年退休者提供基本养老金以上的收入;第三层次强调的是个人的责任,个人通过自愿向商业保险公司投保,获取更高层次的养老保障。可见,对于退休人口的老年生活所需,政府的责任只是提供最低的生活保障,至于较高的消费水准或者维持过去一定的生活水准,则着重于个人的责任。

表1-1　老年退休收入保障的三层次构建模式

	强制性公共管理支柱	强制性私营支柱	自愿支柱
目标	再分配加共同保险	储蓄加共同保险	储蓄加共同保险
形式	生活状况调查津贴 最低年金保证或统筹	个人储蓄计划 或职业年金计划	个人储蓄计划 或职业年金计划
融资	由税收融资	有调控的完全积累	完全积累

资料来源:世界银行,"防止老龄危机——保护老年人及促进增长的政策",中国财政经济出版社1996年5月第1版,第9-10页。

.

在三层次的养老保险体系框架中,个人养老年金与公共年金、企业年金分属于养老保险体系的不同层次,三者在性质及特点上存在较大差异。

1. 三者的性质不同

公共养老年金属于三层次养老保险体系中的第一层次,是国家根据一定的法律法规,为解决劳动者在达到国家规定的解除劳动义务的年龄界限,或因年老丧失劳动能力退出劳动岗位后的基本生活而建立的一种社会保障制度。它的主要职能是保证老年人退休后的最低生活水平,减少老年贫困的发生,因此公共养老年金兼有强制储蓄与收入再分配的性质。这一层次一般采用公共管理的、非基金制的形式,筹资模式应采用现收现付制。

企业年金,也是带有自愿性质的一种年金,指企业根据自身实力和经营状况,为了提高雇员退休后的生活水平而建立起来的一种企业内部福利制度。其发起和建立都不以管理运作机构的营利为目的,是属于企业的保障计划和企业的福利制度范畴,参加企业年金与否很大程度上取决于企业效益的好坏。这一层次具有储蓄和保险的双重功能,应采用完全积累制的形式,而且养老保障程度应与缴纳金额相结合。企业年金不同于具有强制性的公共养老年金,也不同于以盈利为目的的完全的商业养老年金,它所具有的自愿性和非营利性使其成为一种具有独立性质的养老保障形式。

个人养老年金属于三支柱养老保险体系的第三支柱,个人养老年金是在完全自愿的基础上建立的个人储蓄养老计划,它不像社会养老保险那样具有强制性,其建立是以个人的自愿选择为基础的。个人养老年金是由个人自愿参加、自愿选择经办机构的一种补充养老保险形式,是按质论价的完全的商业保险行为。尽管个人养老年金有多类品种,纯保费中包括风险保费与储蓄保费,但事实上,个人养老年金中的储蓄因素远远超过风险保费的因素。因此,个人养老年金带有很强的储蓄性质,常常被称为储蓄保险,应采用完全积累制的方式。人们购买个人养老年金完全是个人为了应对将来可能遇到的养老风险而进行的策略选择,因此年金的购买人在选择商业保险公司以及养老保险的类型方面具有完全的自主权。由于个人养老年金产品多样,经营方式灵活,因此能够适应社会不同收入水平、不同层次人群对养老保险保障的需要。

2. 三者的管理方式不同

公共养老年金的普遍性、强制性及保障性决定了是由政府指定的行政部门对其进行经营和管理。2010年10月28日通过的《中华人民共和国社会保险法》第七条中规定:"国务院社会保险行政部门负责全国的社会保险管理工作,国务院其他有关部门在各自的职责范围内负责有关的社会保险工作。社会基本养老保险实行账户式管理,具体计入个人账户和统筹账户的保险费比例,必须严格遵循国家政策的有关规定办理。"

企业年金则是对企业或行业的雇员老年收入风险的一种保障,可以由保险公司来经营,也可以委托其他的资产管理机构来管理和经营。虽然就企业年金的性质来看,带有某种企业福利的性质,但企业年金的管理和运作却完全是一种典型的商业化行为,是为了使养老基金实现保值增值而从事的运营活动。

个人养老年金是以个人为被保险人的年金保险。从风险机制来看,商业养老年金保险是以人的寿命的不确定性作为承保对象的一种商业保险行为。按照各国《保险法》的有关规定,通常只有经营人身保险的保险公司或专门的养老保险公司才可以经营个人养老年金产品。我国的个人养老年金产品由保险监督管理委员会指定符合条件的保险公司经营,由保险公司对收取的保费按一定的投资组合进行运作,确保其能够实现保值增值。

3. 三者的保障对象不同

公共养老年金的参与对象具有普遍性,即法定范围内的全体劳动者,保障的是退休人员的最低生活水平,养老待遇的确定向低收入者倾斜。因此,公共养老年金实现缴费者在代内和代际的收入再分配,是政府对市场初次收入分配结果进行纠正的重要工具。

属于企业内部福利制度的企业年金主要是为企业的雇员及其家属提供养老保障的年金制度,其养老保障的范围仅限于企业的雇员及家属。企业年金通过资本积累和运作,为企业员工退休后的生活积累更多的资金,按工资比例缴费的原则可以使高收入者在企业年金体系中获得更高的收益。

发展个人养老年金的关键原因在于公共养老保险目标的有限性。如前所述,虽然公共养老年金能为退休的老年人提供经济保障,但仅仅是最低的生活保障,现实情况是很多居民对老年之后的消费有更高的需求,那么这些需求就必须通过个人储蓄来满足;而个人进行储蓄以满足自己老年之后更高的养老需求,就需要借助市场的力量使得自己的储蓄得以保值增值。个人养老年金就成为个人养老储蓄的一种重要的投资工具,为有能力的人提供更高层次的养老保障。个人养老年金提供的保险保障由年金保险合同确定,遵循多投多保、少投少保、不投不保的基本原则。

1.1.3　个人养老年金的理论基础

一个人的一生必然经历少年、青年、壮年和老年阶段,特别是到了老年时期,劳动力逐渐丧失,老年人的收入来源就不再能通过劳动获取了,因此,老年阶段的生存问题是一个人在年轻时、有较强体力时需要考虑安排的一件事情。

为了避免老年生存风险,人们使用统计方法,计算出生命表,但生命表只是一个统计的结果,每个人都有可能是例外。例如一个65岁退休的老人,根据生命表推算出其还能活10年,但并不排除其可能再生存20年或更长时间,这就需要一种制度来保障老年时期的经济收入,而且由于统计规律的存在,使养老保障制度安排成为可能,因此各种养老保障理论和养老保障方式应运而生。养老问题是一个分配——消费问题,是个人的全部收入在一生消费中的分配与平衡问题。对于养老所需的分析,也是从个人的收入在储蓄与消费之间的选择入手的。目前有许多学说是对个人一生中的收入、消费和储蓄问题进行分析和研究的,它们的存在为养老保险的发展奠定了理论基础。以下介绍几种比较重要的有关养老保险的学说。

1. 消费理论与收入保障理论

关于个人消费与收入保障的经济学理论有很多,这里主要介绍绝对收入理论、持久收入理论和相对收入理论。

绝对收入理论是由凯恩斯提出的,该理论认为人们的收入主要分为两部分:一部分是消费,用以满足人们生存以及更高层次的需求;另一部分是未被消费的部分——储蓄。人们实际的消费支出与现期收入之间存在稳定的函数关系,这种函数关系表现为:收入增加,消费也随之增加,但消费的增加小于收入的增加。凯恩斯认为除了客观因素对储蓄的影响之外,出于谨慎和预防动机的主观因素也会对人们的储蓄行为产生深刻的影响。在假定人年老并没有劳动收入的条件下,储蓄是其在年老时进行消费的唯一来源。在该理论中,人们没有将未来的老年生活纳入当前必须考虑的范围,仅仅认为老年时期的生活是一个被动选择的结果。

持久收入理论(Permanent Income Hypothesis,1957)是芝加哥学派的代表人物米尔顿·弗里德曼提出的。该理论主要讨论的是人们的终身收入如何在消费和储蓄之间进行分配的问题,对于老年收入的获得及维持问题并没有进行单独探讨。他认为收入水平和储蓄率之间并不存在直接关系,储蓄率的高低是由社会心理、利息率、财富及收入比例等因素决定的,同时储蓄率受暂时收入的高低差异影响,暂时收入差异又意味着未来收入具有更大的不确定性,储蓄则是对这种不确定性的弥补。

杜森贝里提出的相对收入理论强调的是消费的刚性,即所谓消费的"棘轮效应"。相对收入理论指出消费者的即期消费水平除了与他的当期收入相关之外,还会受到其在过去一段时间的消费水平和相对收入水平的影响。虽然当期收入出现了减少,但人们短期内的消费水平也不会下降,下降或减少的只能是储蓄。只有当人们的收入出现持久性减少的情况下,人们的消费习惯才会发生改变,消费水平才会出现下降。

以上提到的这些消费与收入理论都只考虑了当期消费与储蓄的关系,并没有引入跨时消费的概念,即没有从年轻和年老两个阶段考虑消费与储蓄的分配问题。这些理论的一个共同点就是关于消费者的基本假设都是为了实现当期效用最大化而进行消费的,此时的消费者并不考虑未来,不考虑为老年阶段的消费进行储蓄的问题。虽然,这三种消费与收入理论都没有提到跨期消费的问题,但他们对消费、储蓄和收入的研究却为生命周期理论以及代际交叠模型的提出奠定了理论基础。

2. 生命周期理论

作为至今为止有关消费行为的主流经济理论,生命周期假说(Modigliani,Brumberg,1954)是新古典经济学研究养老金问题的重要理论出发点。莫迪利安尼(Modigliani,1986)运用现代新古典经济学关于理性预期的研究方法,独特地从个人的生命周期消费计划出发,对家庭消费、储蓄行为进行的全新的表述,并最终建立了关于消费和储蓄的宏观经济理论,提出了生命周期理论的完整体系。

该学说认为:在消费者的生命周期内,不同时期的收入水平是不同的,但是消费水平在整个生命周期内处于平滑状态,也就是说,消费者的消费支出是根据其理性预期的未来一生中的收入水平确定的,而不是仅仅根据即期收入来加以确定。在一个消费者的生命周期中,其消费函数的假设前提有以下几个方面:

(1)人生分为三个阶段:少年、壮年和老年;

(2)消费者出生不拥有的任何数量的财富,其在整个生命周期内的消费总量等于其终身收入;

(3)消费者从出生之日起就开始工作,其预期寿命为 L,工作年限为 N;

(4)消费者的消费支出是均匀的,即边际消费倾向是稳定的;

(5)经济运行中不存在通货膨胀,储蓄不产生任何利息,总储蓄等于负储蓄;

(6)消费者的每期收入恒等于预期收入,即有等式 $T_t = Y^*$。

从以上假设可推导出下列关系式:

$$总财富 W = \sum_{t=0}^{n} Y_t = Y^* \times N = Y \qquad (1-1)$$

$$总消费支出 C_总 = \sum_{i=0}^{1} C_t = C \times L \qquad (1-2)$$

$$总储蓄(Y^* - C)N = 负储蓄(L - N)C \qquad (1-3)$$

由此可见,在消费者的少年和壮年阶段,收入是大于消费的。来自这一阶段的收入一部分用于维持稳定的消费水平,另一部分被储蓄起来以供退休后消费支出使用。而在老年阶段,消费支出是大于收入的。在这些假设条件下,推导出的线性消费函数为:$C = aW + cY_t$ (2-4)

在1-4式中,W表示实际财富,Y_t表示劳动收入,a表示财富的边际消费倾向,c表示劳动收入的边际消费倾向。

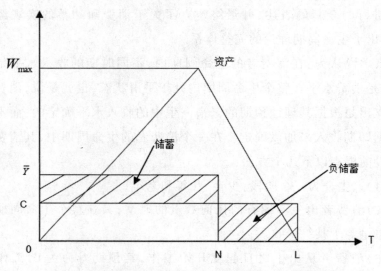

图1-5 收入、消费、储蓄和财富之间的函数关系图

图1-5说明:消费者在工作期间一方面进行个人消费,一方面进行个人储蓄;退休后,则开始以工作期积累的财富为生而进行负储蓄直到生命的结束;典型消费者的消费水平始终保持平滑状态,所有财富在其生命结束时也被全部消费掉。

生命周期理论中消费函数的提出,为分析个人储蓄和消费水平的影响因素,提供了一个基本框架。例如,可以通过该函数分析失业预期、未来支出预期等因素变动对储蓄和消费的影响。

这里以失业预期为例加以说明:为了使问题简单化,首先假设$W = 0$时,消费函数的公式演变为:$C = cY_t$。人们考虑各种收入、支出的因素之后来决定消费和储蓄的比例,最终实现一生中平滑的消费跨期配置,因此,假设年消费支出为C,工作期为n,个人寿命期为h,工作期年均收入

为 YL。可得： $C \times h = Y \times n$，进一步推导出： $C = Y \times \dfrac{n}{h}$，因此边际消费倾向为 $C = \dfrac{n}{h}$。由此可见，在人的一生中，工作期所占比例越高，工作期间所得收入的边际消费倾向越高；相反，工作期越短，所得收入的边际消费倾向越低。

那么，在较高的失业预期下，会使 n 发生变化，假设调整后的工作期为 n'，$(n > n')$，收入的边际消费倾向 $c' = \dfrac{n'}{h}$，显然有： $c > c'$，即由于存在较高的失业预期，导致人们消费倾向会降低，相应的储蓄倾向则会增加。

另外，生命周期假说对分析一国福利政策与消费储蓄之间的相关性也有着重要的理论价值。首先，生命周期理论提示，消费者所追求的是其生命周期内的效用最大化，在其生命周期内的全部收入与消费支出的平衡比较中，消费偏好是选择一个稳定的预期劳动收入的边际消费倾向，使跨时消费呈现出平滑的特征。这在一定程度上解释了一个消费者如果到了老年时能够领到预期的养老金或社会保障金，并使消费水平保持在社会所认定的标准范围内，其收入中用于储蓄的部分就有下降的趋势。

其次，生命周期理论还说明了退休以后的消费支出是通过工作时期的储蓄来实现的。然而这个储蓄是通过个人在银行开设账户进行储蓄，还是通过个人向商业保险机构投保的形式进行储蓄，是由一个国家的经济制度安排决定的。

3. 代际交叠模型

戴蒙德（Diamond，1965）认为，个人年轻时储蓄不足主要有两个方面的原因：一个是"短视"造成的储蓄不足，也就是个人年轻时不能正确地做出一生的消费储蓄规划而造成储蓄不足；另一个原因是"理性"的储蓄不足，即预见到政府不会对其老年时由于储蓄不足而造成的生活窘迫袖手旁观，从而在年轻时策略性地减少储蓄，本质上是一个时间不一致的问题。存在"理性"的储蓄不足时，这种理性的储蓄不足并不是帕累托最优的，因为年轻人并没有按照社会的边际转移率来规划一生的消费储蓄。戴蒙德对导致"短视"的可能原因进行分析,他认为由于个人缺乏规划一生消费储蓄决策的必要信息,或者个人因为不愿意面对今后某一天会退休的事实而不能做出正确的长期决策,以及在个人消费函数中,对未来消费的权重过低等原因导致短视结果的出现。总之,由于个人可能出现"短视"行为,所以政府需要鼓励年轻人进行适当的储蓄来维持老年后的消费。

众所周知,在宏观经济理论研究中,带有资本积累的代际交叠(overlapping generations,OLG)模型,就是由戴蒙德(Diamond,1965)建立的。他在萨缪尔森(Samuelson,1958)的跨时代模型的基础上考虑了代际转移问题,对萨缪尔森的 OLG 分析框架进行了扩展,从而建立了一个带有要素积累和资本完全确定性的离散时间模型。代际交叠模型是养老保险模型建立的基础,通过它能够更清晰地洞察各种养老保险体系的内在逻辑。

在代际交叠模型中,假设市场经济由个人和企业组成。个人生存分为两期:年轻期和老年期,第 t 期出生的年轻人将在第 $t+1$ 期变成老人;每期存在一代年轻人和一代老年人;一个人在年轻期从事生产活动并获得工资收入 W_t,而在老年期只消费不从事生产活动,消费自己的储蓄,如图 1-6 所示。

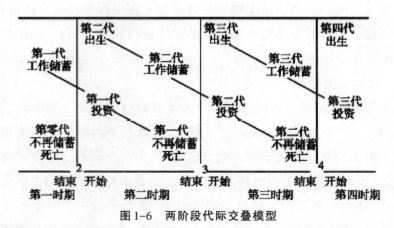

图 1-6　两阶段代际交叠模型

资料来源:Laurence J.Kotlikoff &Alan J.Auerbach.Macroeconomics,*An Integrated Approach*,MIT Press,1998.P34.

第 t 期的年轻人的储蓄全部转化为投资。t 期的资本存量与第 $t+1$ 期的年轻人提供的劳动相结合,得到 $t+1$ 期的产出;在 t 期出生并在 t 期工作的人数为 N_t;人口以速率 n 增长,即 $N_t = N_0(1+n)^t$。

在这样一个模型中,每个人都有年轻和年老的区别,因此很自然地引入养老保险。相应的养老保险制度的实施,将会改变个人在年轻和年老时的福利,也会改变个人的最优决策,进而对经济中的人口增长、资本积累、人力资本形成等产生影响。

个人:假设 t 期的年轻人消费为 C_{1t},$t+1$ 期的老年人的消费为 C_{2t+1},则个人效用为:

$$U = u\left(C_{1t}, \ C_{2t+1}\right) = u\left(C_{1t}\right) + (1+\theta)^{-1}u\left(C_{2t+1}\right)(u' > 0, \ u'' < 0)$$

$$(1\text{-}5)$$

其中,参数 θ 为时间偏好率或主观贴现率,有 $0 \leqslant \theta \leqslant 1$。

t 期出生的年轻人在 t 期赚取的实际工资为 W_t,消费掉其中的一部分收入,剩余部分进行储蓄以备在 $t+1$ 期退休时消费。将在第 t 期出生的年轻人的消费和储蓄分别记为 C_{1t} 和 S_t,则个人在年轻时的预算约束为:

$$W_t = C_{1t} + S_t \tag{1-6}$$

若 t 期和 $t+1$ 期之间的市场利率为 r_{t+1},则个人在 $t+1$ 期,即年老时的预算约束为:

$$C_{2t+1} = \left(1 + r_{t+1}\right)S_t \tag{1-7}$$

则 t 期出生的个人效用最大化问题为:

$$u'\left(C_{1t}\right) - (1+\theta)^{-1}\left(1 + r_{t+1}\right)u'\left(C_{2t+1}\right) = 0 \tag{1-8}$$

企业:企业的行为是竞争性的,采用新古典生产函数。第 t 期的产出 Y_t 取决于总资本 K_t 和总劳动 N_t,可得:$Y = F\left(K_t + N_t\right)$。其中生产函数 $F\left(K_t, \ N_t\right)$ 对于自变量是递增且凹的,并表现出规模报酬不变,其紧凑形式为:

$$y = \frac{Y}{N} = F\left(\frac{K}{N}, \ 1\right) = f(k) \tag{1-9}$$

企业最大化的一阶条件为：

$$f'(k_t) = r_t$$

$$f'(k_t) - k_t f'(k_t) = w_t \qquad (1-10)$$

均衡：结合商品市场的均衡要求，即各期的商品需求等于供给，或者表示为投资等于储蓄，那么此时有：

$$K_{t+1} - K_t = N_t S(w_t, \; r_{t+1}) - K_t \qquad (1-11)$$

等式左边是净投资，即 t 期与 $t+1$ 期资本存量的变化；右边是净储蓄，第一项是年轻人的储蓄，第二项是老年人动用的储蓄。将上式两边消去 K_t，并均除以 N_t，而 $N_{t+1} = (1+n)N_t$，n 为人口增长率，且 $K_{t+1} / N_{t+1} = K_{t+1}$（人均资本），则得到：

$$(1+n)k_{t+1} = S\big[f(k_t) - k_t f'_t(k_t), \; f'(k_{t+1}) \big] \qquad (1-12)$$

即在 $t+1$ 期的资本存量等于 t 期年轻人的储蓄，而且年轻人的储蓄是工资与利率的函数。

人们通常把养老保险体系引入代际交叠模型，来探析养老保险对资本存量的影响。首先来看基金制养老保险体系对个人生命周期储蓄的影响。假设 d_t 是政府在时刻 t 按照一定的缴费率从年轻人手里征收的养老金，用于发给老年人（即 t 期年轻人的养老贡献率），在完全基金制的养老保险体系下，政府在 t 期从年轻人那里强制征收的养老保险贡献是 d_t，此部分被投资为资本，政府向老年人支付的养老金为 $b_t = (1+r_t)d_{t-1}$，老年人的贡献是 d_{t-1}，在 $t-1$ 时刻被用于投资，回报率为 r_t。这样，(2-8)式演变为：

$$u'\big[w_t - s_t + d_t \big] = (1+\theta)^{-1} u\big[(1+r_{t+1})(s_t + d_t) \big] \qquad (1-13)$$

前面的约束条件(1-6)式和(1-7)式就相应的变为：

$$c_{1t} + s'_t = w_t - d_t$$

$$c_{2t+1} = (1+r_{t+1})s'_t + (1+r)d_t$$

而商品市场的均衡条件(1-11)式相应的变为：$(1+n)k_{t+1} = S'_t + d_t$

很明显,完全基金制的个人效用最大化的条件等同于(1-8)式。在完全基金制的经济中,养老保险所征收的养老金数量不超过退休期储蓄量,即 $d_t < (1+n)k_{t+1}$。虽然在 t 期,从个人的收入中征收一部分存入养老保险基金,但个人会关心 $t+1$ 期养老金的回报率。按照养老保险基金保值增值原则,养老保险体系提供的储蓄率要至少等于私人储蓄率。这也就意味着,消费者通过个人储蓄的减少抵消了社会保险系统代表他们所做的任何储蓄。由此可见,完全基金制养老保险体系对总储蓄和资本存量没有影响。

在现收现付制的养老保险体系下,政府把年轻人的当前贡献的"收益率"直接转移给当年的老年人,实际上是一种代际转移。这样,$b_t = (1+n)d_t$。因而可以得到以下式子:

$$u'\left[w_t - \left(s_t'' + d_t\right)\right] = (1+\theta)^{-1}\left(1+r_{t+1}\right)u'\left[\left(1+r_{t+1}\right)s_t'' + (1+n)d_{t+1}\right]$$

$$s_t'' = (1+n)k_{t+1}$$

在这种情况下,年轻人向养老金计划缴费作为养老金向老年人进行代际转移,养老金不作为储蓄存在,而直接发放给老年人消费。因此,个人储蓄就完全由私人储蓄决定。假设工资与利率已知,并且 $d_{t+1} = d_t$,求偏导数得:

$$\frac{\partial s_t''}{\partial d_t} = \frac{u_1'' + (1+\theta)^{-1}\left(1+r_{t+1}\right)(1+n)u_2''}{u_1'' + (1+\theta)^{-1}\left(1+r_{t+1}\right)^2\left(1+r_{t+1}\right)u_2''} < 0$$

由上式可见,养老保险贡献会使私人储蓄减少,减少的幅度由人口增长率和利率决定。养老保险作为代际转移减少了私人储蓄,减少了资本存量,从而降低了经济产出;反过来,经济增长速度放慢又使工资减少,进一步使储蓄减少。在现收现付制的前提下,个人追求福利的动机可能不考虑未来的福利状况,因为他们认为未来的福利将由下一代很好地承担。从效用预期来看,制度中隐含了下一代人支付当代人效用的假设。在这种情况下,个人减少储蓄而去即时消费,从而对资本存量产生影响。

由代际交叠模型对养老保险体系的分析结果告诉我们:现收现付制

"以收定支"的筹资原则使资本仅寻求短期内的平衡。由于没有资本积累,因而避免了通货膨胀带来的资本贬值的风险,也使得制度的管理成本较低。但是该体系对社会人口结构的变化过于敏感,使养老金体系的长期均衡极易被打破。当人口老龄化到来时,为了保持收支平衡,要么降低退休人员的工资替代率,要么增加在职人员的养老金缴费,但这两种形式都容易引发社会问题,甚至影响社会安定。因此,在人口老龄化问题出现时,现收现付制本身固有的制度缺陷也表现得越来越明显,对其进行变革已势在必行。而在这一变革中,基金制是比较理想的选择。如果说现收现付制是通过代际间的再分配实现资本的短期均衡,基金制则是在个人的一生中谋求长期的消费平衡,是实现代内均衡的过程;同时,基金制养老保险体系对总储蓄和资本存量也不会产生影响。基金制的养老金体系是人口老龄化情况下比较理想的养老金模式。

1.2 个人养老年金税收优惠政策的理论分析

意大利经济学家维尔弗雷多·帕累托在20世纪提出了社会福利的帕累托最优状态(Pareto Optimum)。帕累托最优是在衡量人们偏好既定条件下,如何使有限的资源得到充分利用的标准。实现帕累托最优资源配置是以市场的完全竞争为前提的,既不存在扭曲性的政策干预,也不存在导致市场失灵的各种因素,如垄断、外部性和公共性产品等。然而在现实经济中,这些为实现帕累托最优配置而做出的假设是不存在的,因此资源的最优配置也只是理论中的理想状态,永远不可能实现。

市场失灵是导致资源无法实现最优配置的根本原因,而政府介入经济运行过程,修正市场失灵,并进而解决资源配置次优问题的主要政策工具就是税收。而税收政策中的税收优惠工具,其存在的理论依据就在于其弥补市场失灵方面的特殊功效,它是解决由于市场失灵导致资源配置次优状态的较为有效的方式。本章就税收理论、税收优惠的作用原理和作用途径,以及税收优惠政策对个人养老年金市场中的作用机制进行分析。

1.2.1　税收理论分析

1. 税式支出理论

税式支出是指一国政府为了实现一定的政策目标或目的,在税法中对正常的税制结构有目的有意识地规定一些背离条款,造成对一些特定纳税人或课税对象的税收优惠,以起到税收激励或税收照顾的作用,基于这些对正常税制结构的背离条款所导致的国家财政收入的减少、放弃或让与就构成了财政上的税式支出。即政府以牺牲一部分的税收利益来实现自己的既定政策目标,增强对某些经济行为的宏观调控的方式,以减少收入为代价的间接支出,属于财政补贴性支出。

美国财政部部长助理、哈佛大学教授,斯坦利·萨利(Stanley Surrey)于1967年首次提出了"税式支出"的概念,这一概念一出现就引起了财政理论界的高度重视,并成为财税制度改革的重要领域。按照西方学者比较一致的观点,"税式支出"应界定为在现行的税制结构不变的条件下,国家对于某些纳税人或其特定经济行为,实行照顾或激励性的区别对待,给予不同的税收减免等优惠待遇而形成的支出或放弃的收入。税式支出除了常规的起征点、优惠税率、税收扣除、税额减免等形式之外,还包括税收优惠、税收饶让、加速折旧、税收抵免、优惠退税等形式,而我们通常所说的税收递延就是税式支出的一种形式。

OECD国家税式支出的估算主要有三种方法。

一种方法是"收入放弃法"。这种方法是说计算政府在每一年度内由于实施税收优惠而减少的税收收入,或者是国家放弃某一征税权力,而给予纳税人的退税额,也就是纳税人获得政府税收优惠之后少缴纳的税款。这是对于某种税收优惠成本的事后测量,利用"收入放弃法"来估算税式支出规模,适用于所有的税式支出项目。它以包含有关税收优惠条款的实际税制与没有包含税收优惠条款的标准税制之间的比较为基础,估算由于税收优惠的存在而减少了多少税收收入。收入放弃法的数据来源比较方便简单,只要知道实际税制与标准税制的差异就可以估算出由于税式支出而放弃的收入总额。

第二种方法是"收入获得法"。这一方法是计算政府由于取消税收优惠而增加的税收收入,这是假定取消减免、收入预期增加的一种事先测量。但收入获得法不同于收入放弃法,要考虑税收优惠的取消对纳税人行为和税收结构的影响。即必须熟知纳税人的行为以及有关弹性标准的资料。由于取消一项税收优惠应该考虑的效应很多,有纳税人的行为效应、反馈效应、各税种间的相互影响等。因此,在实践中,对纳税行为变化的预测较为困难,数据来源较少,因此运用收入获得法来估算税式支出并不是一件易事。

第三种方法是"等额支出法"。该方法是计算政府如果以相应的直接财政支出取代一项税式支出,需要多少政府的直接支出才能达到相同的效果。如此估算的直接支出额即为税式支出的成本。这种方法是假定纳税人行为不改变,测量通过财政直接支出提供与税式支出同样经济效益的成本。此方法有利于与相应的直接财政支出相比较。

从目前我国递延型个人养老保险试点采取的税收优惠政策来看,是第一种方法的原理应用。从实践中看,采取的是个人购买个人养老年金的支出可以从收入中进行税前扣除,扣除的限额按个人收入的6%与1000元/月两者相比较,较低的数额加以确定。这一政策恰好说明了,政府希望通过牺牲一部分的税收利益,逐步缓解财政即将面临的巨大的养老支出压力,同时进一步促进我国未来社会保障体系的完善,这刚好与税式支出理论的内涵一致。

2. 次优税制理论

与次优税制相对立的是税制最优理论。所谓的税制最优原则是帕累托最优效率在税收领域的延伸。它是以资源配置的效率性和收入分配的公平性为准则,对构建经济合理的税制体系进行分析的学说。理想的最优税制理论是假定政府在建立税收制度和制定税收政策时,掌握着纳税人的完全信息并具有无限的征管能力。那么,税收制度能否符合最优原则,实现最优课税呢?

首先,从信息的角度来看,在现实中,政府对纳税人的能力和课税对象等情况的了解并不完全,在信息不对称的情况下,政府只能根据纳税人的收入、支出等可观测到的信息来征税,这就难免产生部分纳税人经济行为的扭曲。其次,从征管角度来看,政府的征管能力从来都是有限的。无限的征管能力和无限的成本是配套的,过高的成本限制了政府的征管能力。再次,从税收本身的特点来看,绝大部分税收也是不符合最优原则的。因为税收的征收等于在市场有效配置资源的过程中,加进了一个"楔子",即"税收楔子"(Tax Wedge),使消费者支付的价格与生产者获得的价格发生了分离,产生了消费者剩余损失或生产者剩余损失,进而影响到消费者或生产者的行为。或者说,因税收楔子的存在,资源的利用不能充分反映消费者与生产者的偏好,也就无法实现最优配置。因此,在大多数情况下,税收的最优原则是不可能实现的。

最优税制理论是建立在假设基础上的一种模型化的理论,其研究的是政府在信息不对称(即政府对纳税人的纳税能力、习惯偏好不完全了解)的基础之上,怎样征税才能兼顾效率与公平。现实生活中,在信息不对称的情况下,兼顾效率和公平通常是很难实现的,这时就产生了次优税制理论。20 世纪 60 年代后,西方经济学家把"次优原则"引入税制建设中,这一理论原则最早是由加拿大经济学家李普斯和美国经济学家兰卡斯特提出来的[1],该原则论证了在市场存在失灵的既定条件下,如何建立能使这些失灵损失达到最小的优化价格条件。20 世纪 70 年代初以来,当西方财税学界再次对如何最好地筹集财政收入这一传统问题感兴趣时,就把次优原则应用到了税制理论上。许多著名经济学家认为,应在维持一定的政府税收收入的前提下,使课税行为所导致的效率损失达到最小化。按这一思想进行的税制设计被称为"次优课税",这构成了最适

---

[1] 萨缪尔森,诺德豪斯.经济学:第十六版[M].纽约:麦格鲁-希尔公司,1998.

课税理论的重要理论基础。递延型养老保险个人所得税政策就是对次优税制理论的运用。政府通过制定税收政策,对购买商业养老保险的民众给予一定的税收优惠,使递延型商业养老保险尽可能兼顾效率和公平,接近最优税制理论下的情况。

此外,受个人知识、阅历等的限制,一个人通常无法掌控其整个人生的消费情况,从而做出一些不理性的行为,偏离最优化的经济决策。此时,就需要政府的干预,通过政府给予的税优待遇来激励社会全体人员关注,了解该商业养老保险,进而主动购买该个人养老年金,引导民众在一生中进行合理地投资和消费,推动个人养老年金的建立和发展,从而达到政府、企业及个人多方共赢的目的和局面。

1.2.2 税收优惠的作用原理与作用方式

1. 税收优惠的作用原理

税收能够对各个纳税主体的投资、储蓄、劳动力供给和技术进步等生产要素的增减产生影响,这个结论已为大多数经济学家所证实。税收政策对经济进行调控时的传导过程如图1-7所示:

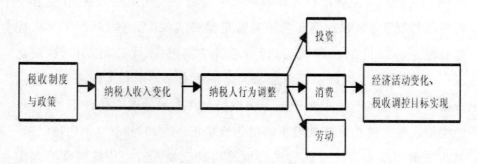

图1-7 税收政策传导过程

当税负使得纳税人的收入发生变动后,具有独立利益和决策权力的纳税人,会从自身利益的角度出发做出相应的行为调整,例如,当税率较低时,纳税人会考虑增加投入,此时税收的激励效应较为明显;相反,当税率较高时,纳税人则会以消费或者储蓄代替投资,此时税收的替代效应较为明显。

税收优惠作为税收政策的主要工具和实现载体,也遵循着税收调控经济的传导过程。在既定的税制结构下,税收优惠实施与否、税惠程度的大小以及税惠对象的范围等都会对纳税主体的行为产生影响,不同的税收优惠对纳税人的影响程度是不同的。例如,由于外部性的存在,当某种产品供给者的边际私人成本大于边际社会收益时,政府给予该供给者一定程度的税收优惠,就可以起到弥补其成本的作用,促使该产品的供给者增加要素的投入和产品的供给,以带动纳税人经济行为的变化。

(1)从税负的角度分析税收优惠的作用原理

税负包括宏观税负和微观税负。从微观的角度来看,在既定的税制结构下,无论税收优惠通过什么样的传导机制作用于社会经济,其最终的表现都是降低了纳税人税收负担。而这种微观税负的降低,恰恰能够提高私人的投资能力和投资意愿。从宏观的角度来说,在其他条件不变的情况下,实施税收优惠则意味着政府放弃一部分税收收入,一定程度上会导致宏观税负的下降。宏观税负的降低会对宏观经济运行产生影响。经济学家 Keith.Marsden(1985),曾选择了具有可比性的20多个国家的经验数据,就宏观税负对经济增长率的影响进行了实证研究。得出的结论是:较低的宏观税负对一国的经济增长率、投资增长率、劳动生产率都能产生促进作用。

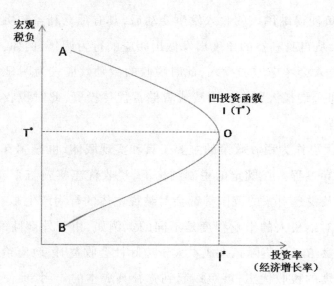

图1-8　宏观税负与经济增长的关系

图1-8中展示的是宏观税负与经济增长之间的关系。从图中可以看出宏观税负与经济增长呈现出的是一种非线性关系,即经济增长是宏观税负的凹函数。如图1-8所示,纵轴代表宏观税负占GDP的比重,横轴表示经济增长率,在宏观税负小于T^*时,即处于图中BO段曲线部分时,税收的增加可以起到刺激投资的作用,经济增长率随着税负的增加而增加;当宏观税负达到并超过T^*这一临界点后,即处于图中的AO段曲线部分时,继续增加税收带来的结果是经济增长率的下降。

(2)从资金流动的角度分析税收优惠的作用原理

马斯格雷夫从货币流动的角度对税制结构进行了划分:第一类,在本年度货币总流量中,是以与货币呈逆向流动的商品为征税对象的税种,如:消费税、销售税、营业税和个人支出税等;第二类,是以与货币呈同向流动的社会产品为征税对象的税种,如:个人所得税、公司所得税等,这两类表现为对货币流量征税;第三类,是以过去积累的财富为征税对象的税种,如:土地税、房屋税、遗产税等,此类则表现为对货币存量征税。但是,无论征税环节确定在哪一个部位,对纳税人而言,不是影响其可支配收入或储蓄,就是影响其利润所得或投资积累。无论影响方式如何、传导机制如何,税收最终会使纳税人的货币收入减少,进而对其经济行为产生影响。而税收优惠会导致与政府征税时产生的资金流向相反的货币运动,其结果必然表现为部分抵消了政府征税对纳税人产生的收入效应。

由此可见,政府通过让渡税收收入而形成的优惠政策能够改变资金收支的循环过程,并对个人和家庭的经济行为产生联动作用。

2. 税收优惠的作用方式

税收优惠是税收政策的一种表现形式,它是国家为了支持某一行业的发展而给予的财政减让和宏观支持。下面介绍几种税收优惠的作用方式:

(1)税前扣除。它是在征税时,按照税法的有关规定,允许在税前收入中以确定的比例或数额扣除某些特殊项目所对应的费用金额,从而降低应纳税所得额的做法。税前扣除的方式有直接扣除和费用增加两种:直接扣除就是将纳税人符合规定的特殊项目金额直接从税前收入中扣除,缩小的是所得税税基;费用增加是指用把特殊项目费用计入成本中进行扣除的方法,减少的是应纳税所得额。税前扣除这种优惠方式主要应用于个人和企业所得税中。

(2)差别税率。它是对不同产业或不同产品实行有差别的流转税率或所得税率。对实行较低税率的产业或产品来说就等于享受到了税收优惠。

(3)优惠退税。是政府将纳税人已缴纳的部分或全部税款按规定退还给纳税人的税收优惠措施。政府在运用优惠退税时,最主要的是退税率的确定。政府需要对纳税人的总体税负水平和政府财政的承受能力进行权衡之后确定退税率的大小。

(4)减免税。减免税是税收优惠中最常用的直接优惠方式。从字面意思来看,减税就是减少征收纳税人的部分应纳税额,降低税负;免税则是指将纳税人的全部应纳税款予以免除,税负降低为零。减免税可适用于包括流转税和所得税在内的多个税种。

（5）递延纳税。递延纳税是指允许纳税人将其应缴纳的税款递延到一定时期之后再进行缴纳的做法。递延纳税相当于纳税人从政府那里获得了一笔无息贷款，对纳税人极其有利，而且从长期来看国家财政收入也不会受到影响，是一种较为理想的税收优惠方式。

（6）免税期规定。免税期是有关所得税的优惠措施中最普遍最直接的一种形式，允许纳税人在一定时期内可以免缴所得税，但超过这一期限则需要按照规定税率重新开始缴纳所得税。

1.2.3 税收优惠政策对个人养老年金的效应分析

政府运用税收政策进行宏观调控的直接目的就是要通过税收这只"看得见的手"来调整经济主体的供给和需求，从而实现有干预的供求均衡。个人养老年金税收优惠政策的实施目标也是要对个人养老年金产品的供给和需求产生影响。

1. 税收优惠对个人养老年金需求的效应分析

影响保险需要的主要因素之一是个人的可支配收入。个人的可支配收入是指扣除消费者个人缴纳的各种税款后，可用于个人消费和储蓄的那部分个人收入。国家税收部门可以结合市场供求状况，采用税收杠杆调节个人可支配收入，从而影响养老保险需求。与养老保险需求密切相关的保险税收是个人所得税，对投保人而言，是针对保险费缴纳时的税收政策；对受益人而言，是针对保险赔款或给付执行时的相关税收政策。如果一国企业和居民购买保险的保费可以作为费用项目从其收入所得中扣除，保险金可以不予列入其收入所得之中，那么这将会激发企业和居民购买保险的热情，从而扩大保险的有效需求。

（1）税收优惠对个人养老年金需求的数理分析

一国的税收政策尤其是针对养老保险的税收政策对于该国养老保险的影响非常深远。由于个人养老年金是一种需求弹性很强的产品，一国的税收政策对个人养老年金的影响主要是通过税收来影响个人养老年金成本以及预期的未来净收益率,从而在一定程度上改变各经济主体的养老保险需求。这里在 Diamond 的两期代际交叠模型中引入税收因素来分析税收优惠政策的养老保险需求效应。

根据前面提到的戴蒙德(Diamond,1965)的代际交叠模型,仍然假设个人生存两期(即退休前和退休后),假设 t 期的年轻人消费为 C_{1t},$t+1$ 期的老年人的消费为 C_{2t+1},则 t 期出生的个人效用为:

$$U = u\left(C_{1t},\ C_{2t+1}\right) = u\left(C_{1t}\right) + (1+\theta)^{-1} u\left(C_{2t+1}\right)$$

他们的效用最大化问题是:

$$Max\left[u\left(C_{1t}\right) + (1+\theta)^{-1} u\left(C_{2t+1}\right)\right] \qquad (1\text{–}13)$$
$$u' > 0,\ u'' < 0$$

满足约束: $W_t = C_{1t} + S_t$;$C_{2t+1} = \left(1 + r_{t+1}\right)S_t$

当我们引入税收后,改变了养老金的成本,从而改变了养老金的净收益率,个人的约束条件变为: $W_t = C_{1t} + S_t$,$C_{2t+1} = \left[1 + r_{t+1}(1-T)\right]S_t$,$T$ 为对个人养老金行为或投资收益征税的税率。由个人效用最大化问题,我们得到拉格朗日函数:

$$L = u\left(C_{1t}\right) + (1+\theta)^{-1} u\left(C_{2t+1}\right) + \lambda\left\{W_t - C_{1t} - C_{2t+1}\Big/\left[1 + r_{t+1}(1-T)\right]\right\}$$
$$(1\text{–}14)$$

对 C_{1t},C_{2t+1},λ 分别求导,得一阶条件:

$$\partial L\big/\partial C_{1t} = u'\left(C_{1t}\right) - \lambda = 0$$

$$\partial L\big/\partial C_{2t+1} = (1+\theta)^{-1} u'\left(C_{2t+1}\right) - \lambda\Big/\left[1 + r_{t+1}(1-T)\right] = 0$$

$$\partial L\big/\partial\lambda = W_t - C_{1t} - C_{2t+1}\Big/\left[1 + r_{t+1}(1-T)\right] = 0$$

对以上三个式子构成的隐函数方程组进行比较静态分析,得:

$$\partial C_{1t}\Big/\partial T = \frac{u''\left(C_{1t}\right) - C_{2t+1}(1+\theta)^{-1}\left[1 + r_{t+1}(1-T)\right]u''\left(C_{2t+1}\right)}{|D|r_{t+1}(1-T)2\left[1 + r_{t-1}(1-T)\right]}$$
$$(1\text{–}15)$$

$$\partial C_{1t}\big/\partial W = \left[-(1+\theta)^{-1} u''\left(C_{2t+1}\right)\right]\Big/|D| > 0 \qquad (1\text{–}16)$$

$$|D| = \left[-u''\left(C_{1t}\right)\right]\bigg/\left[1 + r_{t+1}(1-T)\right] - (1+\theta)^{-1}u''\left(C_{2t+1}\right) > 0$$

$$(1-17)$$

由 1-15 式和 1-16 式, 运用斯卢茨基方程对收入效应和替代效应进行分解得:

$$\frac{\partial C_{1t}}{\partial T} = \frac{-u'\left(\left(C_{1t}\right)\right)}{|D|r_{t+1}(1-T)2\left[1 + r_{t+1}(1-T)\right]}$$
$$+ \frac{-C_{2t+1}(1+\theta)^{-1}u''\left(C_{2t+1}\right)}{|D|r_{t+1}(1-T)2\left[1 + r_{t-1}(1-T)\right]}$$

$$(1-18)$$

很显然, 1-18 式中加号前的部分的收入效应小于零, 后半部分的替代效应大于零。这就说明, 税率从零到征收税率时的变化, 政府的税收行为会通过 1-6 式中的收入效应与替代效应引起养老保险需求的改变。

在收入效应下, 对基于养老保险商品的投资收益课税时, 导致由于养老金预期收益的下降, 促使个人为了维持以往的收益水平而增加对养老基金的投入; 相反, 对养老基金的投资收益给予税收优惠则会减少对养老保险的需求。而在替代效应下, 对基于养老基金投资收益课税时, 导致养老金预期收益率下降, 改变了购买养老保险和消费的相对价格降低了个人对购买养老基金的偏好, 个人以消费替代购买养老保险, 即个人养老年金的需求会减少; 相反, 对养老基金的投资收益给予税收优惠则会增加对养老保险的需求。

$\partial C_{1t}/\partial T$ 到底是大于零、小于零或是等于零, 取决于 u 这个效用函数的参数变化。如果一国的社会养老保险替代率过高, 会使个人缺乏自我保障意识, 个人对未来预期的乐观使得 u 的参数变化, 当 u 的参数的变化引起替代效应的绝对值大于收入效应的绝对值时, 征税就会减少个人对养老保险的需求; 减税或免税则会增加个人对养老保险的需求。但如果个人意识到政府无力承担个人养老责任, 这使得 u 的参数的变化引起收入效应的绝对值大于替代效应的绝对值, 那么税收在限制个人对养老保险需求的作用上是无效, 此时的个人养老年金需求会大幅度的增加。

由此可见, 最优的税收策略是在个人养老年金发展初期在保证一定税源的情况下尽量给予养老保险行为税收优惠,达到增进个人养老年金发展的目的。

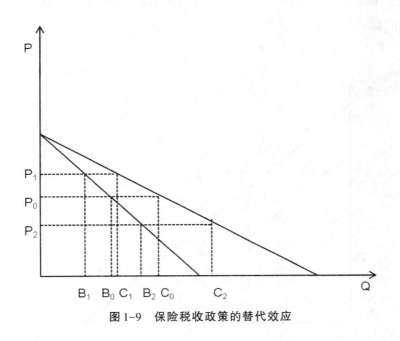

图 1-9　保险税收政策的替代效应

(2)与年金保费相关的税收政策对个人养老年金需求的作用

保险税收政策会引起保险费率的变动,在其他条件不变的情况下,费率变动会通过替代效应和收入效应引起保险需求变动:如果税负增加,替代效应和收入效应相结合将导致需求减少;如果税负减少,替代效应和收入效应相结合将导致需求增加。

如图 1-9 所示,假设存在税收的情况下,养老保险产品的价格水平为 P_0,如果税基为保险费的个人所得税税率增加,则必然导致保险费率的相对上升,上升到 P_1,则养老保险产品的购买量由原来的 B_0 减少到 B_1;如果税基为保险费的个人所得税税率降低,甚至免税,则保险费率相对降低,降低到 P_2,则养老保险的购买量由原来的 B_0 上升到 B_2。替代效应的大小与消费者的收入弹性密切相关:当收入弹性较小时,养老保险购买

数量的改变分别为 B_2B_0 和 B_1B_0；收入弹性较大时，养老保险消费数量的改变为 C_2C_0 和 C_1C_0，而 C_2C_0 和 C_1C_0 必然大于 B_2B_0 和 B_1B_0。由此可知，保险消费者的收入弹性越大，保险税收政策引起的替代效应会越明显；反之，亦反。

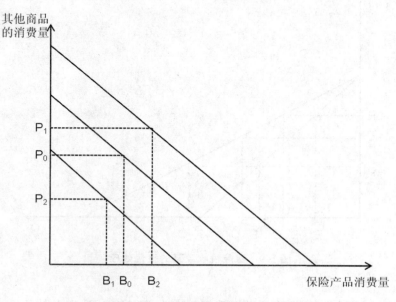

图 1-10 保险税收政策的收入效应

如图 1-10 所示，养老保险的税收政策引起的收入效应表现为：实际收入变动引起了预算约束线的变动，如果保险产品价格下降，则意味着消费者购买力的增加，预算线会向外移动，保险产品及其他产品的消费量会有所增加，图中由 B_0 移动到 B_2；相反，如果保险产品价格上升，预算线会向内移动，保险产品及其他产品的消费量会减少，图中由 B_0 移动到 B_1。

（3）与年金给付相关的税收政策对个人养老年金需求的作用

对养老保险给付时采取的税收政策，首先会通过受益人实际收入水平的变化引起需求变化，即收入效应的产生。如果养老保险在给付时免征税或税率很低,则受益人实际获得的保险给付的数额将会增加,受益人的实际收入水平上升;反之,则受益人的实际收入水平下降。而受益人的实际收入的变化进而会对保险需求产生影响。其次,对养老保险给付时采取的税收政策,通过受益人需要纳税的税基和税率变化引起保险需求变化。因为,如果保险给付免征税或税率很低,受益人实际获得保险给付的数额将在一定程度上提高消费者的收入水平,在累进税制条件下,如果受益人收入水平提高,所对应的所得税税率将进一步提高,则保险给付的纳税额也相对较高。反之,则依据的税率可能较低或属于免税额度之内。

由上述分析可知,政府为了促进养老保险业的发展,可以降低税率、出台税收优惠政策,以刺激保险需求和保险业的发展。

2. 税收政策对个人养老年金供给的效应分析

税收政策会影响个人养老年金的供给费率。个人养老年金的供给主要由市场决定,即在一定的费率水平上,养老保险市场上各家保险公司和企业愿意并且能够提供的养老保险的数量,也即养老保险市场上保险公司承保能力的总和。在需求水平一定的条件下,养老保险供给受到费率水平、经济技术、资本等多种因素影响。对于个人养老年金而言,一是国家税收征管部门通过向保险公司征收各种税收[1],调整保险公司再生产的投入水平,直接调节养老保险市场的供给能力;二是对保险公司实施税收优惠,促进养老保险行业的发展。

如图 1-10 所示:S_1 和 D 分别表示未征税前养老保险市场的需求曲线和供给曲线,P 点是均衡价格。经济学原理表明,政府在对供给者征税后,供给者会通过产品价格向消费者转嫁税收负担。因此征税后,供给方如果想提供相同数量的产品,则必须提高商品的价格,而价格的上升会导致需求量减少。假设供给曲线上移至 S_2,得到的价格 P_2 就是需求者支付价格与税额之差。这就得到以下两个等式 $D(P_1) = S_1(P_2)$,而

---

[1] 根据我国现行税法规定,我国政府对保险供给者主要征收营业税、企业所得税、城建税、印花税、房产税、土地占用税等税种,前两种为主体税种。

$P_2 = P_1 - T$，T 为税额。其中，$P_1 - P$ 是投保人或受益人承担的税负，$P - P_2$ 是保险人承担的税负。在 P_2 的价格下，我们得到了另一个均衡条件，即 $D(P_1) = S_1(P_1 - T)$，新的均衡点变为 E_1，此时的均衡价格为 P_1。在养老保险需求曲线不变的情况下，提高价格的唯一的途径就是减少供给，因此图 1-11 中供给曲线 S1 会移动到 S2，供给数量相应减少。

由于税收转嫁导致价格的上升幅度小于税负的增加量，即供给者不能向消费者转嫁所有的税负，至于税负转嫁的比例取决于商品的收入弹性的大小。图 1-11 中商品的收入弹性较小，供给者承担的税负 $P' - P'_2$，明显小于图 1-10 中收入弹性大的商品供给者承担的税负比例 $P - P_2$。具体到养老保险产品，相对来说是一种收入弹性较大的产品，如果仅从扩大保险规模的角度来看，不能轻易采取对保险人增加税收的政策；相反，如果减轻保险人的税收负担，则保险人和投保人均可得到不同程度的优惠。

另外，保险产品税负在供给者和消费者的分担比例还与市场结构有关。如果该产品市场是垄断性的，减税带来的优惠基本被保险生产者供给者享有，价格降低的空间不会很大；如果该保险产品市场是竞争性的，则价格也会相应地降低。同时，如果该产品的收入弹性较大，则供给者获得的优惠比例也会较大，而消费者获得剩余则相对较少。这一结论同样适用于养老保险产品市场。因此，对养老保险产品供给者实行减轻税负的政策结果，是需要根据具体的市场结构加以确定的。

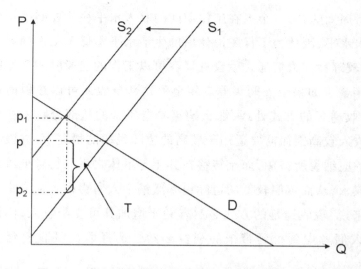

图 2-11　收入弹性较大时,税收与养老年金供给的关系

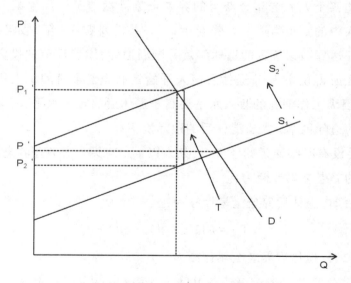

图 1-12　收入弹性较小时,税收与养老年金供给的关系

1.2.4　税收优惠政策对个人养老年金的例证分析

上述内容表明,在理论分析的层面上,如果政府对个人购买商业养老年金给予一定程度的税收优惠,确实能够增加个人养老年金的需求

量。众所周知的是,一个人在工作期间的收入水平往往要高于年老退休后的收入水平,因此为了保障退休后的生活水平不低于工作期间的生活水平,比较理性的人们通常就会选择在可以工作的这段时间开始购买个人养老年金。如果个人购买养老年金的这部分收入可以在税前进行扣除,以税收递延的方式处理,那么购买养老年金的这部分收入在个人工作期间收入较高因而需要适用于较高的边际税率的情况下,并没有被计入个人的应纳税所得额,而是转移在其年老退休之后取得较低收入时计入应税收入,从而依照较低的边际税率缴纳个人所得税。从参保人一生的角度来说,税收递延的方式必然有利于增加其可支配收入,因而较为理性的人们考虑到税延带来的利益必然会选择购买税收递延型养老年金。

以下内容中,本书对比分析了在有税收递延和无税收递延两种条件下个人购买个人养老年金获得的养老金累计额情况。如果某人每年以个人收入中的 w 元购买个人养老年金,一共需要购买 c 年,假定此人在 c 年后刚好达到国家规定的退休年龄并顺利退休;缴费环节的投资收益率为 r,个人所得税率为 t_1,退休后该人开始领取养老金时的个人所得税率为 t_2;因为工作期间的收入水平要高于退休后的收入水平,所以工作期间适用的边际税率 t_1 大于退休后的边际税率 t_2。

1. 在没有税收递延的条件下,某人以 w 元购买个人商业养老保险,退休后他的养老金累计额为:

$c = 1$ 时,退休后养老金累计额为:

$$W_1 = w(1 - t_1)(1 - r)(1 - t_2)$$

$c = 2$ 时,退休后养老金累计额为:

$$W_1 = w(1 - t_1)\left[(1 - r) + (1 + r)^2\right](1 - t_2)$$

以此类推,得到 c 年后养老金累计额为:

$$W_1 = w(1 - t_1)\sum_{i=1}^{c}(1 + r)^i \cdot (1 - t_2)$$

2. 在存在有税收递延的条件下,假设某人以 w 元购买个人养老年金

时可以享受全额或部分个人所得税减免,用 $a(a>0)$ 表示税收减免部分,退休后该人的养老金累计额为:

$$W_1=(w-a)(1-t_1)\sum_{i=1}^{c}(1+r)^i\cdot(1-t_2)+a\sum_{i=1}^{c}(1+r)^i\cdot(1-t_2)$$

将上式整理为:

$$W_2=W_1+a\cdot t_1\sum_{i=1}^{c}(1+r)^i\cdot(1-t_2)$$

比较这两个式子,显然 W_1 小于 W_2,也就是说,对个人购买个人养老年金实行税收递延,退休后个人养老金累计额大于没有税收优惠情况下的个人养老金累计额。

对上面的分析带入数据加以说明。假设甲每年购买个人商业养老保险的支出为 1.2 万元,投资收益率为 9%,缴费期间个人所得税率为 20%,缴费年限为 20 年,退休后甲领取的养老金 25% 部分免税,其余 75% 部分按 10% 的比例税率征收个税。

根据式个人购买商业养老保险没有税收递延时,甲退休后个人养老金累计额为:

$$W_1=12000\times(1-20\%)\sum_{i=1}^{20}(1+90\%)^i\cdot(1-75\%\times10\%)=495189.03\,元$$

如果甲在购买个人商业养老保险时可以享受税收递延,即购买个人商业养老保险的支出可以在税前扣除,并且可以全额扣除(即 $a=w$),则甲退休后个人养老金的累计额为: $w_2=618936$ 元。实行税收优惠政策后,甲可以多获得 123746.97 元的养老金。

通过上述分析可知,假如对个人购买商业养老保险实行税收递延,投保人退休后将获得更多的养老金。为了使自己尽可能获得最大的收益,投保人必然更情愿在退休前购买个人商业养老保险,进而增加其需求量。

1.2.4　个人养老年金税收优惠政策的成本分析

由于个人养老年金在养老保险体系中的重要作用,许多国家都通过税收优惠政策来促进个人养老年金的发展。需要注意的是,我们不仅要注重税收政策调整对养老年金保险发展的促进作用,而且还要看到相应付出的成本。税率降低或税收优惠是以牺牲政府一定的税收利益为代价的。与没有税收优惠政策时的税收收入相比,税收优惠政策会减少政府的税收收入,即产生一定的税收优惠成本,这里的成本也就是通常所说的税式支出。税收优惠成本会直接影响到这项政策的运行效率和实际成效。税收优惠政策虽然能促进个人养老年金的发展,但不能忽视为此所付出的代价。

具体来看,税收优惠的成本主要是指对个人养老年金实施了税收优惠政策后所导致的财政收入的减少,属于税收政策的内部成本。按照税收优惠对政府财政收入的影响方式不同,又有直接经济成本和间接经济成本之分:

1. 直接经济成本

个人养老年金的税收优惠政策会在一定程度上减少税收收入,造成财政收入流失。如 Surrey(1973)指出"与基准税收相比(即没有税收优惠政策时的税收),税收优惠政策会减少政府的税收收入,减少的数量就是通常所说的税收支出(tax expenditure),实际上是税收优惠政策的经济成本体现"。

2. 间接经济成本

个人养老年金的税收优惠作为一种特别措施,虽然只限于少部分纳税人,但由于个人养老年金税收优惠涉及的税种种类、形式各异,可能产生的效应也有所不同,这样就大大增加了税法修订以及税收征管的复杂性和难度,使得税收征管成本增加,间接影响政府财政收入,这可以看作是税收优惠政策的间接成本。

不可忽略的是,个人养老年金税收优惠带来的累退效应,下面以递延型税收优惠为例来加以说明。

(1)累退效应的成因

个人所得税是一种收入调节税,调节手段是累进税率,设置累进税率旨在贯彻量能负税原则。收入水平能反映纳税人的负税能力,收入高者负税能力强,应承担较重的税负;收入低者负税能力弱,应承担较轻的税负甚至不纳税。由于累进税制下税率与收入正相关,高收入者将承担较重的税负。因而个人所得税能对高收入者的收入加以调节,促进收入分配的合理化,防止贫富差距扩大,促进社会和谐。税收优惠作为税法的一种特殊规定,是给予特定纳税人和征税对象的鼓励与照顾,本质上是不征收有负税能力的人应缴纳的赋税,因而是一种对量能负税原则的违背。个人所得税坚持量能负税原则,实行超额累进税率,个税递延型养老保险的税收优惠刚好是其反向的"特殊规定"。因此,对个人所得税实施"延迟纳税"的优惠政策不可避免地会产生累退效应,形成收入的逆向再分配,即个人所得税税制本身决定了任何对其实施的优惠政策都将产生累退效应。所以,个税递延的累退效应并不是个税递延型养老保险的原罪。这样,给予个人养老保险投保人的递延优惠就成了一种变形的"累退税",收入越高降税幅度越大,延税效果越好。高收入者尤其是收入处于中上水平的人将获得较大的收益;低收入者只能获得较少的收益,收入水平靠近或低于个税起征点的人则根本享受不到优惠。根据量能负税原则,高收入者原本是个人所得税的主要课征对象,但通过投保个税递延型养老保险,高收入者就拥有一个合法的免税账户,获得了一种简单有效的避税工具,可以将一部分收入以保费的形式转移至这一账户,在实际收入不变的条件下降低应税收入,获得即期低税率的优惠,同时享受投资收益免税,养老金低税率的福利。理论上,低收入者也可以享受个税递延的优惠,但由于他们的收入仅位于个税起征点的附近,税率本来就很低甚至等于零,下降的空间很小。而且在低收入的条件下,能维持今天的生活已属不易,遑论为退休后的生活储蓄。因而,个税递延税收优惠政策的出台,反而会扩大贫富差距,将收入差距进一步延伸至退休以后,间接损害低收入者的利益,最终背离个税的设定宗旨。

（2）累退效应的来源分解

个税递延型养老保险的税收优惠主要体现在三个方面:即期税率降

低、跨期税率差异和资本利得免税。由此,个税递延的累退效应也由这三个部分组成:一是,高收入者即期税率的降幅更大。高收入者是个人所得税的主要征税对象,原本面临着较高的税率。实施个税递延后,无论是固定金额递延,还是固定比例递延,允许保费税前列支都会减少其即期应税收入,大幅降低其适用税率,从而获得较大的即期税收优惠。低收入者原本就面临着较低的税率,个税递延也会降低其即期应税收入与适用税率,但幅度往往很有限,因而仅能获得较低的即期税收优惠。那些收入接近个税起征点或达不到起征点的低收入者将无法享受到此项优惠。

二是,高收入者享受资本利得免税更多。个税递延的递延金额多在比例限制的基础上进行金额限制,高收入者的递延金额较大,账户内的累积资金较多,相应地投资收益也较高。相对于低收入者,投资收益免税给高收入者带来的收益则更大。

三是,高收入者跨期税率差异更大。一般情况下,退休后除养老金收入外,高收入者或低收入者都没有其他的收入来源。但工作期间高收入者所适用的税率要远高于低收入者,这样他们缴纳保险费和领取养老金时的税率差异程度也不一致,高收入者往往能享受到更大的跨期税率差异。

其实,"累退效应"的产生同采用何种税制息息相关,具体而言"累退税"是产生"累退效应"的根源所在。以我国个人所得税所采取的超额累进制税率为例,在这种税率制度之下,一个人如果收入越高,即证明其承担税负的能力越强,其收入较高的部分对应的税率就越高;与之相反,一个人的收入越低其承担税负的能力就越弱,其实际需要缴纳的税负就越少或者不需要纳税。这一税制遵循的是量能负税的原则,通过对不同收入水平设置不同的税率来达到调节高收入者收入水平,防止贫富差距扩大。而在延税型商业养老保险中,由于保费可以进行税前列支,在个人所得税累进制的前提下,递延部分的应缴税率为参保人应税收入中最高税率,从而使得收入越高的群体享受到了更多的税收优惠,低收入群体较少甚至无法享受到税收优惠,这就违背了量能负税的原则,也使得延税型商业养老保险面临成为高收入群体避税的工具,也使延税型商业养老保险引来了其将成为"富人俱乐部"的质疑。

由于累进制的存在,延迟缴税的优惠政策将不可避免地会产生累退效应,这不应成为否定个税递延型商业养老保险的理由。反之,累退效应的合理化解将能够增强第三支柱的公平属性,从而促进其发展壮大。抑制累退效应,就需要结合当前的财税制度,针对不同群体合理设计税收优惠政策,不断优化制度设计。

3. 税收优惠政策直接经济成本的计算

考虑到税收优惠成本的负面作用,现在许多国家每年都要对税收支出进行测算,并将其列入财政预算,为制定税收政策提供依据。按税式支出对政府收入的影响方式,税式支出可以分为两类:一类相对于政府直接支出,包括税基型、税额型、税率型税式支出;另一类相当于政府的无息贷款,主要指时间型税式支出。两者的成本估计的算法存在明显差异。

(1)直接减少政府收入的税式支出的计算方法

对于直接减少政府收入的税式支出,其直接成本的估算一般有三种方法:

第一,收入放弃法。这种方法实质上是测算政府因提供税收优惠而导致的年税收收入的减少额,是对某种特定税收优惠成本的事后检验方法。它以实施税收优惠后的税收收入与未实施税收优惠时的税收收入进行比较,测算由于税收优惠而减少的财政收入。

第二,收入收益法。这一方法测算如果取消某项税收优惠可能给政府增加多少税收收入。为了对预期增加收入有一个相对准确的估计,这种方法一般要综合考虑与此相关的行为效应:纳税人的行为效应,即税收优惠的取消导致纳税人的行为调整,进而对税收收入产生影响;反馈效应,即由于税收与经济紧密相连,税收优惠的取消将以某种程度影响经济活动的总水平,并反馈到由经济所决定的税收水平上;还有各税收之间的相互作用,即某一税收优惠的取消可能会对其他相关税种税收收入的影响。

第三,支出等额法。这一方法测算如果以一项相应的直接支出计划代替某项税式支出计划,需要多少税前的直接支出才能达到同等的税后收益效果。采用这种方法是以整个预算状况不会发生变化为前提的。

(2)不直接减少政府收入的税式支出的计算方法

对于不直接减少政府收入的税式支出,其直接成本的估算一般有两种方法:

第一,现金流量法。用于计算税式支出对政府现金流量的影响,它以当年政府延迟的税收减去因过去年度延迟纳税到期而收到的税收的差额。该方法虽然反映了当年政府税收的现金流量,但并不能如实说明税式支出的经济成本。如果过去年度的延迟纳税到期收入额超过当年延迟纳税额,则基于现金流量法德税式支出为负值,没有真正反映出当年延迟纳税对于政府来说确实是一种成本。

第二,现值法。这种方法将当年政府收入的损失减去将来可收到税收收入的折现值,据以计算税式支出的数额。其优点是正确区分了永久性减少税收收入的税式支出与仅仅将税款递延到未来时间的税式支出,能够更真实地反映税式支出的实际经济成本。

小　结

本章是全书的理论基础。这一章首先对本书的研究对象——个人养老年金进行了界定,认为个人养老年金是世界银行提出的三支柱养老保险体系当中的第三支柱,是为老年人在退休后获得高于社会基本养老保障提供支持的,目前主要以向商业保险公司投保个人年金保险的方式形成。但即使是以商业保险产品的形式存在,但却因为具有正外部性而出现了市场需求的不足。针对个人养老年金因具有正外部性而导致的市场失灵,作为介入市场的政府的主要职责之一就是对此外部性进行修正，那么政府可选择的较为有效的方法之一就是税收。本书主要是从需求的角度来分析什么样的税收政策有利于增加对个人养老年金的需求。税收优惠被认为是能够起到激励作用的主要税收政策之一，因此本章分析了税收优惠政策的基本原理以及作用方式、作用途径。并就税收优惠政策对个人养老年金这种保险产品的需求和供给产生的影响进行了详细的分析。从理论上来看，税收优惠对个人养老年金的需求具有激励作用，作为政府而言，单纯从转移养老保险责任，激励个人养老年金的购买这一角度出发，税收优惠政策的实施至关重要。但同时也应该注意到，税收优惠是以政府税收收入的减少为代价的，是以非受惠的纳税人的利益让渡为前提的，也就是说，税收优惠存在政策实施的成本。因此，如何在发挥税收优惠政策的激励效应的同时减少税惠成本是个人养老年金税收优惠政策制定时首要考虑的问题。

第2章 个人养老年金税收优惠政策的国际比较

人口老龄化是全世界各国普遍面临的问题,对各国传统的养老保险制度带来了巨大的影响,如何有效发挥三支柱养老体系中第三支柱的作用,一直是各国致力解决的问题。一些国家的实践说明,通过个人养老年金的税收优惠能够激励人们对商业养老保险的需求,有利于推进三支柱养老体系的完善,他们的一些成功经验可以给我国个人养老年金的税收优惠政策提供一些思路。

2.1 各国个人养老年金税收优惠政策的背景分析

20世纪50年代以来,生存环境的改善、医疗卫生条件的提高等因素使得我国人口死亡率不断降低,低死亡率使得在世界各年龄段的人口增长中,老年人口的增长速度最快;与此同时,人口出生率却在大幅度下降。因此,人口出生率的下降、预期寿命的延长带来的直接后果是人口老龄化的出现。人口老龄化的影响波及社会经济活动的方方面面,其中受到老龄化影响最大的莫过于各国的养老保险制度。人口老龄化对各国传统的养老保险制度产生了巨大的冲击。

2.1.1 世界人口老龄化的发展态势

人口老龄化是指老龄人口在总人口中所占的比重不断上升,并达到一定水平时的人口结构状况。其衡量指标通常有:老年人口系数、老少比(老龄化指数)、平均年龄、老龄化率等。按照人口学判断年龄结构的标准:一个国家或地区的人口总数中达到60岁及以上的人口占比超过10%;或65岁及以上人口占比超过7%,即意味着该国家或地区进入老龄化社会。目前,人口老龄化已然成为一个世界性问题,各国老年人口的增长速度已开始超越总人口的增长速度。

1. 老龄人口的规模

1950年全世界60岁以上的老年人大约有2亿,到1970年增加到3亿人,2002年该数字为6.29亿,接近世界总人口的10%,已经达到了老龄化的标准。另据联合国估计,2025年将达到13亿,2050年全球将有超过20亿的老年人存在,是目前老龄人口的3倍,将占到世界总人口的21%。其中,经济发达国家和地区的老龄人口将由目前的2.36亿人增加到3.95亿人;欠发达地区将由目前的3.93亿人增加到15.69亿人,老年人口的比重将上升到19%。世界银行年度报告《2002年全球经济展望与发展中国家:让贸易服务于世界贫困人口》用了较大篇幅对全球人口老龄化进行研究,对未来人类发展前景抱不乐观的态度。

表2-1 世界各地区老年人口占比及变动趋势(%)

地区	年龄	1950年	1975年	2000年	2025年	2050年
世界平均	60岁以上	8.2	8.6	10.0	15.0	21.2
	65岁以上	5.2	5.7	6.9	10.4	15.6
	80岁以上	0.5	0.8	1.1	1.9	4.1
发达国家	60岁以上	11.7	15.4	19.4	28.2	33.5
	65岁以上	7.9	10.7	14.3	21.3	26.8
	80岁以上	1.0	1.8	3.1	5.4	9.6
发展中国家	60岁以上	6.4	6.2	7.7	12.6	19.3
	65岁以上	3.9	3.9	5.1	8.4	4.0
	80岁以上	0.3	0.4	0.7	1.3	3.3
最不发达国家	60岁以上	5.4	5.0	4.9	5.9	9.5
	65岁以上	3.3	3.1	3.1	3.8	6.3

地区	年龄	1950年	1975年	2000年	2025年	2050年
	80岁以上	0.3	0.3	0.4	0.5	1.0

资料来源:李通屏,人口经济学[M],清华大学出版社,2008.6,P106。

2. 老龄化人口分布

据世界银行在年度报告《2002年全球经济展望与发展中国家》中的描述,2002年世界绝大多数老年人口生活在亚洲,占比达到53.67%,其次是欧洲,占比为23.58%。据估计,到2050年,亚洲老年人口的比例将增长到62.47%,欧洲老年人口占比减少到11.26%,非洲老年人口占比为10.43%,拉丁美洲接近9.23%。

在全世界,人口老龄化的水平和速度因地区的不同而有高有低,有快有慢,即使在同一地区,人口老龄化的程度也存在较大差异。目前在欧洲和北美发达国家,人口老龄化已成事实,而亚洲、非洲和拉丁美洲的发展中国家的老龄化程度较低。但是不容忽视的是,发展中国家老年人口的增长速度异常迅速,据联合国估计,在2015年至2030年间,发展中国家的老年人口每年增长率将达到3.5%,远远大于总人口的增长速度。

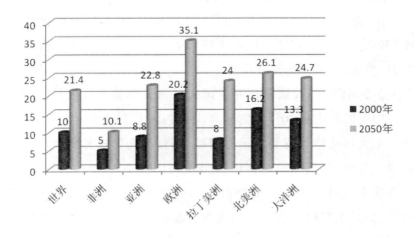

图2-1　世界各大洲老年人口比重(%)

资料来源:联合国网站,人口统计部分。

73

3. 高龄化人口趋势

老年人口本身也在老化,即老年人口中年龄大于或等于80岁的高龄人口在老年人口中的增长速度最快。1950—2000年间,全世界80岁以上的高龄老人增加了5倍之多,以平均每年3.3%的速度递增,大大超过60岁以上人口2.2%的平均增长速度。

表2-2　高龄人口的数量及占比(亿人)

年份	1950	2000	2050
高龄老人数量	0.14	0.69	3.8
占老年人口比重	6.70%	11.40%	19.30%

2.1.2　人口老龄化对世界经济的影响

人口老龄化会对世界经济带来很多方面的影响。各国人口老龄化的程度不同,对各国社会经济等各方面产生的影响也不同。Dave Turner 等人(1998)曾以几个较为典型的国家为例,分析了人口老龄化对各国经济的影响。

1. 人口老龄化对劳动力供给的影响

目前,在世界人口增长率持续下降的同时,几乎所有国家的人口抚养比❶都在上升。人口增长率的下降和老年人口抚养比的上升将意味着生产力、寿命、劳动力的潜在变化。

图2-2和图2-3反映了世界各国人口增长率和人口抚养比的变化趋势。从中可以看出从2010年起世界大多数国家人口将出现普遍负增长,其中日本人口负增长的趋势最为明显,而且其人口抚养比会出现两个明显的增长时期,从现在的44%到2020年的65%,2050年达到最高峰,并成为世界所有地区中人口抚养率最高的国家。欧盟人口的变化趋势与日本类似,只是下降的速度比日本缓慢。2010年之后欧盟的人口抚养比将呈现不断上升的趋势,这种趋势会延续到2050年为止,随后出现回落。

---

❶ 这里的人口抚养比是指老年人口与劳动年龄人口数的比例。

其他的国家和地区这两方面变化趋势大体上是一致的,只是人口抚养比的增长率高低有所不同。

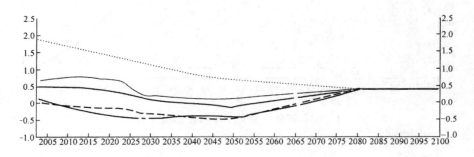

图2-2　人口增长率预测(%)

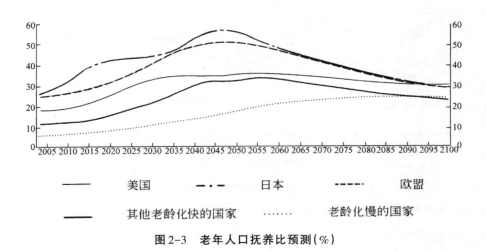

美国　　　　　　　—·—　日本　　　　　　——　欧盟

其他老龄化快的国家　　·······　老龄化慢的国家

图2-3　老年人口抚养比预测(%)

劳动力增长由适龄就业人口决定。由于总人口的增长率下降,劳动力的增长率也普遍下降,也带来了生产增长的下滑。

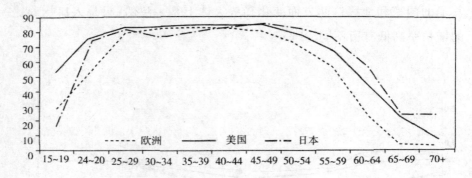

图2-4　世界不同国家各个年龄段的就业率(%)

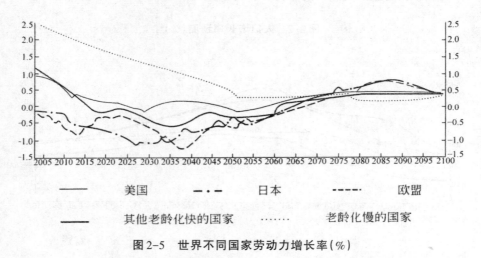

图2-5　世界不同国家劳动力增长率(%)

资料来源:Dave Turner,Claude Giorno,Alain De Serres,ann Vourc'h and Pete Richardson,1998。

　　从宏观经济的角度来看,人口老龄化影响劳动力的供给,从而会改变资本和劳动力的平衡。由于劳动力相对供给的不足,会导致工资上涨,在资本相对充足的情况下,资本回报率下降,因而居民储蓄率下降。这些影响减缓了人均GDP的增长速度,因为处于工作期的年轻人创造出的财富要在全社会包括老年人在内的人口中进行分配,则老年人口的增长意味着无法创造社会财富的人口增多,因此人均GDP会减少。从微观经济的角度来看,生命周期假说中一个人在年轻时需要有较高的储蓄率,为其退休期的消费作准备,因而在出现老龄化的社会中,年轻人口数的减少会使社会的储蓄总量随之减少。在一个有理性预期的一般均衡模型中,当前的和将来的人口结构变化都会改变总储蓄的时间路径。

Christin de la Maisonneuve 和 Kwangyeol Yoo(2005)的研究表明退休人数增加造成劳动力供给减少,而劳动力供给的减少使得德国、法国的人均 GDP 下降了 0.2 到 0.5 个百分点,而日本的这一下降的幅度达到 0.8 个百分点。

2. 人口老龄化对世界经济结构的影响

根据联合国预测,劳动力增长速度的降低将会导致所有地区潜在经济增长率的下降,如图 2-6 所示。其中人口老龄化快的国家经济增长率下滑的速度较快,而人口老龄化慢的国家经济增长率下滑的趋势则比较平缓。

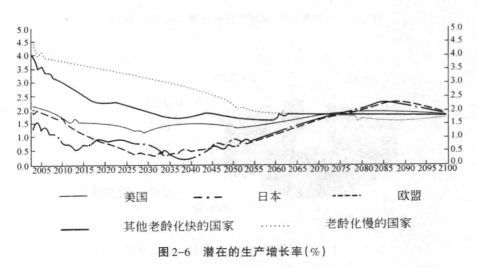

图2-6 潜在的生产增长率(%)

资料来源:Dave Turner,Claude Giorno,Alain De Serres,ann Vourc'h and Pete Richardson,1998。

人口老龄化还对世界经济格局产生影响。尽管预期所有的地区经济增长率均会下降,但在未来的几十年里,老龄化慢的国家经济占世界经济的比重将会不断上升,如下图所示。2003年老龄化慢的国家经济占世界经济总量的28.80%,2020年增加为35.1%,而在2050年则会达到45.90%;相反,老龄化快的国家经济占世界经济的比重则会下降,例如日本,其GDP在2010年之前就将至1%以下,并且持续下降,到2040年降低为0.5%,与此同时,日本经济占世界经济的比重也从2003年的7.2%降低到2050年的3.7%。

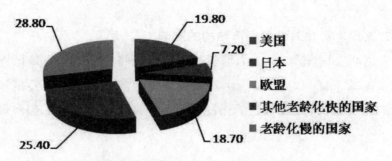

图2-7 2003年世界各地经济占世界GDP的比重(%)

图2-8 2020年世界各地经济占世界GDP的比重(%)

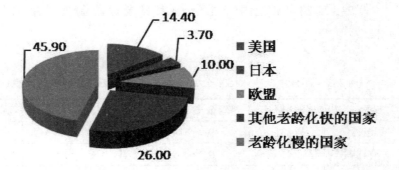

图 2-9　2050 年世界各地经济占世界 GDP 的比重（%）

3. 人口老龄化对个人储蓄的影响

如果个人储蓄行为遵循生命周期假设,个人只有退休后才需要动用储蓄,而储蓄是在退休前完成的,那么人口抚养比的增加将有可能导致个人储蓄比例的减少。如果总人口数量不变,则在低储蓄老年人口总数增加的同时劳动年龄人口会减少,因此会导致储蓄总额的下降。这与个人储蓄对人口统计变化的高度灵敏度是一致的,也没有偏离传统的代际交叠模型得出的结果。

2.1.3　人口老龄化对国家公共养老支出的影响

人口老龄化减少了人均 GDP 的数量,也减少了劳动力的供给,这些因素与老年人口增加相结合,自然影响到一个国家的社会保障。老龄人口的增加使得更多的人领取养老保险金,带来了养老保险资金预算的压力。各国公共养老保险支出增长趋势明显,几乎所有国家财政都面临资金困境。据 Ministerodel Tesoro（1994）的预测,保持收支平衡的私人部门雇员的缴费率到 2025 年将提高到 60%。如意大利的公共养老保险支出 1960 年占 GDP 的 5.0%,1970 年增加到 7.4%,到 1992 年增加到 14.9%,预计到 2030 年将增加到 25%,远远超出其他社会支出项目的增长速度。美国公共养老保险支出占 GDP 的比重从 1997 年的 9% 将提高到 2050 年的 20% 左右。

表2-3反映了部分中低收入国家养老保险制度带来的公共财政支出。

表2-3　部分中低收入国家公共债务和养老金支出占GDP的比重(%)

国家	公共债务	养老金支出	国家	公共债务	养老金支出
巴西	33	9	立陶宛	28	7
马其顿	41	9	土耳其	65	5
斯洛文尼亚	25	11	哥斯达黎加	34	2
罗马尼亚	18	6	伊朗	10	2
波兰	43	12	玻利维亚	56	4
乌克兰	59	9	阿根廷	53	5
葡萄牙	55	5	墨西哥	19	1
马耳他	56	5	哥伦比亚	24	2
斯洛伐克	31	8	智利	9	7
匈牙利	59	9	塞内加尔	78	2
乌拉圭	45	14	毛里求斯	35	3
克罗地亚	7	9	秘鲁	53	2
摩尔达维亚	78	8	韩国	33	1
多米尼加	23	1	摩洛哥	79	1

资料来源:邹新德,中国养老保险制度改革效率研究,辽宁人民出版社,2008,P52。

图2-10反映了部分发达国家养老保险制度带来的公共养老金支出的变化。由于老年人口的增加,就业人数相对于退休人数的比例减少,对财政支出的需求会显著的增加,公共养老金债务随着时间的推移会增加政府的财政赤字。从图2-10中可以看出,日本是受此影响最大的国家,到2050年,养老金带来的压力对政府财政平衡的负面影响将达到GDP的10%。

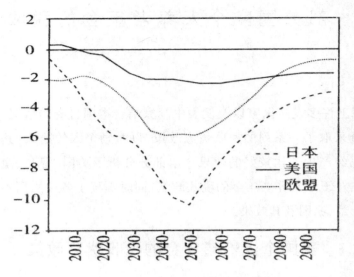

图2-10 高收入国家公共养老金占GDP的比重(%)

面对人口老龄化对世界经济带来的各种影响以及对公共养老保险制度的巨大压力,各国开始重新审视传统的公共养老制度的前景以及其他养老保险方式在人们退休收入中所起的作用,并借此提出了调整和改革方案。综合各国养老保障制度的变革来看,主要是将原来主要由政府负担的养老保险责任更多地转移给市场主体,更多地实现养老保险的市场化供给。据经合组织对其成员国养老保险制度运行状况的调查发现,从20世纪90年代开始,各国对社会保险支出的责任更多地实现了由政府向雇主和个人的倾斜,个人退休收入的来源正朝着一个多样化的趋势发展,提前退休导致工作收入的比重不断下降,而个人养老保险计划和资本积累的增加使得资本所得在个人退休收入中的比重日益增加。在荷兰、瑞士、英国、瑞典、澳大利亚等国家个人养老保险的覆盖率已经达到较高水平。

在各国养老保险市场化的过程中,个人养老保险如此快速的发展和各国政府给予的税收政策上的支持是分不开的。

2.2 部分国家个人养老年金的税收优惠政策

国际上许多发达国家以及发展中国家结合本国自身的情况,对个人养老年金采取了一系列的税收优惠政策,以激励个人的购买,其中大部分国家已经产生了比较好的效果。本部分分析了美国、智利、澳大利亚以及瑞典对于个人养老年金的税收政策,同时剖析了各国采用不同税收政策的背景、原因及其效果。

2.2.1 美国个人养老年金的税收优惠政策

1. 美国养老保险体系的构成及其演变

美国是世界上养老保险制度最为完善的国家之一,实行的是由国家社会保障计划、私人退休金计划与个人储蓄计划构成的三支柱养老保障体系。其中,国家社会保障计划与私人退休金计划具有强制性的特征。而个人储蓄计划则具有较强的自主性,对于前两种养老保险形成了很好的补充。这一养老保障体系的形成,也经过多年的发展与完善。

美国这个移民国家,奉行的是自由放任、自由竞争的经济理念,其选择的是自保公助、补缺型的社会保障制度。1935年通过的《社会保障法》被看作是美国社会保障制度建立的标志,此后,美国的社会保障制度逐步发展和完善起来。当时的罗斯福政府主张社会保障与国民自我保障相结合,强调社会保障不会提供充分保障,只提供最基本的生活保障。在整个社会保险计划中,雇主和雇员是主要的缴费者,政府只扮演最后责任人的角色。发展至今,美国已经建成以老人、遗属和伤残保险(OASDI)、政府和企业建立的雇主养老金计划及个人退休金账户(IRAs)为基础的养老保险体系。其中的老人、遗属和伤残保险(OASDI)是美国最大的老年收入维持计划,每月向雇员及家属提供现金给付,用以弥补因年老退休、严重伤残和死亡而造成的收入损失,其资金来源于雇员和雇主平均分担的 12.4% 的工资税。这一社会养老保障制度的实行对美国的经济、社会产生了深远的影响。

21 世纪之后,出生率的降低和寿命延长的联合效应使得美国老年人口的绝对数和相对数都明显地增加,人口老龄化问题对美国财政构成了严重威胁。同时,美国经济快速的工业化发展不仅提高了生产效率,同时也提高了工人对闲暇的需求,这就不得不提升工人的工资,以此来补偿工人闲暇的损失。退休前工资的提高给退休后养老金替代率(精算标准为 70%)的达标带来了不小的压力,如果不鼓励个人购买养老年金,那么国家财政将会面临巨大的压力。 但是如果通过国家强制措施要求个人购买养老年金,那么对于金融业发达的美国则是一种低效率的行为。有人对美国养老保险做过推算,如果强制人们拿出收入的 3% 购买养老保险,那么最终个人得到的养老金提高的幅度小于 2%(Samwick,Skinner,1997)。因此,美国政府选择通过建立一个自愿的个人退休账户(IRAs),实现以个人账户为基础的社会养老保险私有化改革来加强养老制度财务的可持续性,增加国民储蓄,拉动经济增长。

2. 美国的 IRAs 计划

1974 年 5 月 1 日,美国国会通过的《雇员退休收入保障法案》(ERISA)批准了实行有限制税务扣除缴费的个人退休计划(Individual Retirement Arrangements,IRAs),确认了个人退休账户作为重要储蓄工具之一的地位。该计划是为了向那些没有参与企业年金计划的个人设计的个人养老金账户,具有税收优惠的特点,同时提供各个不同退休计划之间的资产转移。

相对于普通投资账户而言,IRA 提供减税、延税或免税等税收优势,经过二三十年的长期复利效应,参与者收益相当可观。因此,该计划成为美国养老保险市场上最重要的产品之一。在其推出后的 30 年间,IRA 计划不断成熟完善,成为美国私人退休计划市场上资产规模最大的产品,对美国国民日后的养老生活至关重要。据美国投资公司协会(ICI)调查资料显示,1999 年,IRA 总资产达到了 2.5 万亿美元,到 2000 年,41% 的美国家庭参与了IRA计划;2004年,IRA计划下的养老金总资产已达3.5万亿美元,占美国退休市场总资产12.9万亿的27%。由此可见,IRA的资产规模已然成为美国居民退休收入的重要保障之一。

IRA归属美国社会保障体系的第三支柱,完全由个人自愿参加,70.5岁以下且有收入者都可以开立该账户。税收优惠、提前支取惩罚制度、每期投资限额的特点决定了IRA具有很强的稳定性。按照投资和取款方式的不同可以分为传统IRA、罗斯IRA、雇主支持型IRA等。其中,传统IRA是一种有税收优惠安排的退休计划。雇员存入该计划中的缴费全部或部分的扣除当期应税收入,缴费金额和投资所得可以延期缴税,直到雇员退休领取养老金时再缴税,考虑到领取养老金时雇员的税率等级会有所降低,实际享受到的不仅是税收延付的优惠,还包括低水平纳税带来的好处。个人退休账户既可以由个人单独设立,也可以由企业代为设立,但个人账户的管理只能由符合资格要求的第三方金融机构(银行、投资公司、保险公司等)进行。个人退休账户一旦设立,不能随意终止或改变用途,否则将会失去相应的税收优惠。个人退休后,可从该账户提取养老金,提取数额没有上限,次数不受限制。

随着该法律的确立,传统IRA采用EET征税模式面向70.5岁以下的参保者并设置缴费上限,缴费上限随着通货膨胀变化情况进行调整,分别在2002—2004年、2005—2007年进行缴费额度调整,到2008年后缴费额度变成5000美元,之后的额度限额也与通货膨胀挂钩。采用EET模式的传统IRA计划更适合正规就业人员,因为他们可以方便地利用单位的"代扣代缴"来建立账户,但却将最需要税收优惠的自由职业者排除在外。罗斯IRA计划根据1988年的《纳税人缓税法案》建立,采取了TEE的征税模式,使得灵活就业人员可以独立缴费,甚至在变更工作以及失业后也可以正常缴费进行养老金积累,这就使制度的覆盖人群更多,体现了效率与公平性。在资金管理方面,根据美国的《税收法》,由具有资格的第三方金融机构进行托管或代管。在投资方式方面,可以通过具有专业资质的第三方金融机构进行托管,如银行、投资公司等;投资产品包括银行存款、共同基金、人寿保险以及共同债券等❶。基金与债券的比例逐渐增多,基金已占据了主要地位。在投资风险的选择中,美国的参保者根据自身的风险收益偏好选择投资组合,年轻的参保者投资时偏向更多利益,选择股票占比更多。而老年参保者则会偏向保守的投资组合,比较安稳。

3. 美国个人退休计划(IRAs)的税收优惠

美国对"合格的退休计划"在税收上给予豁免,在1954年制定的国内《税收法案》和1974年制定的《雇员退休收入保障法案》里都做出了明确规定。

就缴费阶段而言,正常年度IRA缴费在两种情况下可以从应缴纳联邦所得税的收入中扣除:第一,没有参加税收优惠年金计划的个人,可以将全部向IRA的正常年度缴费从应税所得中扣除,最高可扣除金额为2000美元,配偶IRA可扣减4000美元;第二,如果一个人参加了企业资助的税收优惠年金计划,那他在向IRA缴费时,能得到的缴费免税额要受限于他调整后的总收入(Adjusted Gross Income,AGI),收入越高得到的免税额越少,当达到一定水平后❷,缴费免税额将为零。

具体来讲,雇员个人退休账户减税额是根据雇员或雇员配偶是否参加了雇主退休计划而确定的。如果雇员及其配偶参加了雇主退休计划,而且没有任何社会保障退休福利,那么雇员个人退休账户的缴费能否减税要根据雇员纳税申报身份和调整过的总收入。对于没有参加雇主退休计划的情况,又分为雇员配偶是否参加的情况,如果雇员及其配偶都没有参加雇主退休计划,那么所有缴费额可以全部减税,但是如果雇员自己没有参加雇主退休计划,但雇员配偶参加了退休计划,且雇员没有任何社会保障福利的话,雇员的个人退休账户是否可以减税同样是根据调整过的总收入实行全部或部分减免。但与雇员参加了雇主退休计划

---

❶ 王翌秋,李航.税收递延型养老保险:国际比较与借鉴[J].上海金融,2016.5:86-89,95.

❷ 1998年开始,单身纳税人AGI达到30000美元,或者已婚夫妇联合申报的达到50000美元;之后这一限额逐步提高到2005年单身纳税人50000美元和2007年已婚夫妇联合申报的80000美元。

的减税表相比,美国国税局对没有参加雇主退休计划的雇员调高了收入金额,这样做实际上是保障了那些没有参加雇主退休计划的计划参加者的利益,让这部分人可以更多地享有延迟纳税的税收优惠。如表2-4和表2-5所示。

表2-4　参加雇主退休计划的可减税额标准

雇员的纳税申报身份	雇员调整后的总收入	IRA减税待遇
单身或一家之主	小于等于5万美元	全部减税
	大于5万美元,小于6万美元	部分减税
	不小于6万美元	不减税
夫妻联合缴税或符合条件的寡妇(鳏夫)	小于等于7万美元	全部减税
	大于7万美元,小于8万美元	部分减税
	不小于8万美元	不减税
夫妻各自分别缴税	小于1万美元	部分减税
	不小于1万美元	不减税

表2-5　没有参加雇主退休计划的可减税标准

雇员的纳税申报身份	雇员调整后的总收入	IRA减税待遇
单身或一家之主	所有金额	全部减税
夫妻联合缴税或分别缴税,配偶未参加退休计划	所有金额	全部减税
夫妻联合缴税,配偶参加了退休计划	小于等于15万美元	全部减税
	大于15万美元,小于16万美元	部分减税
	不小于16万美元	不减税
夫妻各自分别缴税,配偶参加了退休计划	小于1万美元	部分减税
	不小于1万美元	不减税

　　例如,如果一对已婚夫妇联合申报所得税,其联合 AGI 介于 50000—60000 美元之间,其最大免税额为:2000 美元×(AGI-50000)。如果是单身个人申报所得税,其 AGI 介于 30000—40000 美元之间,其最大免税额为:2000 美元×(AGI-30000)。在向工作者个人 IRA 或非工作配偶 IRA 缴费时,最大免税额被限制在所得收入的 100% 或两倍的个人年缴费限额中的较小者。任何超额缴费除了要征收正常的所得税之外,还要加征 6% 的消费税,消费税每年都要征收,直到超额缴费从 IRA 中被提走。例如,如果个人某年向 IRA 多缴纳了 100 美元,以后每年都要征收 6 美元的消费税,直到个人从 IRA 提走该 100 美元款项为止。如果超额缴费进入积累阶段,可以考虑在第二年的少缴费消耗掉过度缴费的部分,从而保证每年的缴费额不超过最高限额。例如,一个人第一年缴费 2100 美元,第二年则可以只缴费 1900 美元,两年的平均值保持在 2000 美元,否则就会因为过度缴费而缴纳 6% 的消费税。美国《国内税收法案》规定,拥有个人退休账户的纳税人在其达到 59.5 岁之前,不能从账户中提款,否则会被征收 10% 的惩罚税。

　　就退休金的领取而言,对个人从 IRA 领取退休金的最晚时间也做出了规定,一般不能晚于个人达到 70.5 岁后第一年的 4 月 1 日,而且个人从 IRA 领取的退休金要作为普通收入缴纳所得税款。上述分析表明,美国 IRAs 采用的税收优惠模式为 EET 模式。

　　值得注意的是,美国对"个人退休计划"无论在缴费时还是在领取养老金时,均不提供税收优惠,其税收规定与一般保险公司寿险产品的税收规定相类似。

　　从美国的个人退休金(IRAs)税收优惠政策来看,规定了较为宽泛的税收优惠主体范围,凡从私人机构获得收入的人都能开设个人退休金账户,享受税收优惠,且在税收优惠额度上的设置考虑了影响纳税人负税能力的各种因素,将纳税人的年龄、婚姻状况、夫妻是否联合申报纳税、夫妻是否均参与传统 IRAs 等因素纳入考量范围。

2.2.2　智利个人养老年金的税收优惠政策

"自19世纪80年代俾斯麦创造的德国社会保险模式和20世纪40年代以后依据贝弗里奇报告建立的福利国家模式后,社会保障领域再也没有一种改革能够像智利模式那样引人注目了。"[1]这是我国著名学者郑功成对智利的社会养老保险制度改革的评价,由此智利养老保险模式在社会保障领域的重要意义可见一斑。智利政府于20世纪80年代开始的完全积累制养老保险制度的变革至今已将近40年了,变革后政府用于养老的财政支出逐渐下降,证明变革增强了养老保险制度的财政可持续性,从这一点来看,智利养老保险制度的改革是比较成功的。

1. 智利养老保险体系的演变及构成

智利早期的养老保险制度包括三个主要的养老保险基金,其中一个主要是为大多数雇员提供养老保险的,另外两个独立的基金主要为警察和军人提供养老保险。此后,不断有其他基金被创立,而且原来三个养老保险项目的具体内容也不断被扩展。到70年代末,智利的养老保险体系已经包括了150个个人退休保险机制和35个不同的机构养老保险机制,相应地养老保险的覆盖面开始分层,养老保险受益资格和标准在部门之间存在很大差异,而且很多工人没有被任何养老保险计划所覆盖。

在现收现付这种养老保险制度下,智利公共养老保险计划的缴费人数从20世纪70年代开始逐年下降,从1975年到1980年就业人口中参加养老保险缴费的人口比例从86%下降到71%。智利养老保险的受益人口呈逐年增加趋势,20世纪60年代末养老保险受益人口为50万人,到70年代末增加到100万,平均年增长率5.7%,与缴费人口的下降相结合考虑,养老保险资金收支出现严重的不平衡。

---

[1] 郑功成.《社会保障学——理念、制度、实践与思辨》[M].北京:商务印书馆,2000年,第175页.

表2-6　1980年之前智利养老保险体系收支状况

年份	收入额（百万）	支出额（百万）	赤字额（百万）	收入占GDP比重	支出额占GDP的比重	赤字额占GDP的比重
1974	344532	698886	−354342	3	6.2	−3.1
1975	310985	422261	−111276	3.4	4.6	−1.2
1976	360509	662877	−302369	3.4	6.2	−2.8
1977	454651	831933	−377282	3.6	6.7	−3.0
1978	556642	1027681	−471039	3.7	6.8	−3.1
1979	937063	1241874	−304811	5.2	6.9	−1.7
1980	1017362	1336172	−318810	5.5	7.2	−1.7

资料来源：Central Bank of Chile（BCCH），1992。

　　有鉴于此，智利政府于1980年11月通过3500号法令，开始对原有的公共养老保险制度进行全面改革，决定建立一个以私有化为原则，以个人账户为基础的完全积累制的养老保险制度。从1981年开始实施以来，逐步实现了从现收现付制向完全积累制的转轨。其养老保险改革最大的特点就是劳动者的养老问题个人负责制，同时将政府的管理责任转移给私人管理公司，利用资本市场进行有偿运营，既能够分享较高的收益回报，也可能因投资失败而遭受损失。这样，政府的直接责任被缩小到最小限度，而个人的责任却被扩大到极大程度，政府只扮演"辅助性角色"，为某些收益提供资金担保，为养老金制度的良性运转制定法规和进行监督指导。

　　目前智利完全积累制养老保险体系是由三支柱构成的，第一支柱为政府提供的、统计部门调查的福利救济金和最低养老金计划（PASIS），对那些达到法定退休年龄和法定缴费年限，但个人账户的储蓄积累没有达到领取最低养老金的最低数额时❶，由国家补足，国家主要承担再分配功能和缓解贫困的功能；第二支柱是强制性个人储蓄基金积累制度，主要

---

　　❶ 最低养老金大约为平均工资的25%，最低工资的75%。

承担储蓄功能,是整个养老体系的主体;第三支柱为个人自愿储蓄,国家给予税收优惠,在养老保险体系中承担辅助功能。

2. 智利的个人养老年金

智利完全积累制养老保险体系的特点主要体现在第二支柱和第三支柱。这两个支柱都是以个人资本为基础,实行完全的个人账户制❶,不同之处在于第二支柱属于强制性个人储蓄基金积累制度,而第三支柱属于自愿性个人储蓄制度。

(1)个人资本积累账户。智利政府要求每一个雇员都要参加到这个强制储蓄的制度中来。该账户资金完全由个人缴纳(一般为雇员月工资的10%),雇主不需要承担供款义务。个人缴纳的养老保险费存入其自己选择的私人养老基金管理公司开办的个人账户,并由该养老基金管理公司负责经营管理。当雇员缴纳保费的年限达到20年,或到了指定的退休年龄时(男性65岁,女性60岁),就可以制定自己的养老金支取计划,并按计划进行支取或将养老金用作购买人寿保险的年金之用了。个人领取养老金的方式可以有三种:一是计划提取(scheduled withdrawal),即从积累的资金中分阶段提取,养老金每年都要重新计算一次,这种情况下养老金由个人养老年金基金体系(AFP)支付;二是从保险公司领取终身年金(life annuity),个人养老年金基金体系将积累资金转入保险公司由其每月进行支付;三是确定期限的分阶段提取与递延生命保险的结合。个人退休时可以根据自己选择的养老金领取方式领取相应的养老金,具体数额取决于其个人账户积累总额的平衡,个人储蓄个人使用。个人的养老保险缴款在缴费时免除所得税,资金积累阶段的所得也免税,但在退休后领取养老金时应缴纳所得税,这一模式与许多OECD国家的情形类似,被称为"EET"方法。

(2)个人自愿储蓄账户。个人自愿储蓄账户是在个人缴费、基金制的个人账户基础上建立的,但它是自愿参加的。那些愿意缴纳比强制性

---

❶ 包括基本个人账户和补充个人账户,前者指个人要将其纳税收入的10%作为自己的养老金投入,后者则是在前者基础上为将来得到更多养老金而进行更多储蓄所设立的补充个人账户。

缴费更多缴款的人可以参加,这些缴费会享受到政府的某些税收优惠。投保与个人账户基金的成员可以自愿缴纳高于法定 10% 的份额,以期望在退休后获得更多的收入。

3. 智利个人养老年金的税收优惠模式

智利个人养老年金采用的是 EET 的税收模式。具体表现为:个人在养老年金的缴费阶段免税,但政府规定了最高的免税额,免税的缴费限额为每月 2000 美元;在基金积累阶段,政府对养老基金投资产生的收益免税;而在养老金领取阶段,要求按照养老金领取总额的 10% 缴纳所得税税款。

2.2.3　澳大利亚个人养老年金的税收优惠政策

1. 澳大利亚养老保险体系的构成

澳大利亚政府在二战过后,越来越依靠财政赤字的扩大来推动经济发展,加之人口老龄化速度日益加快,财政赤字达到了 GDP 的 4.27%,因此,推动补充养老制度的发展势在必行。1983 年工党上台之后,立即着手养老金体制的改革。在 1991 年,澳大利亚政府批准了"职业养老金保障制度",该制度推行以来,政府选择国家强制来保证其实施。其职业自愿养老保险的税收模式为 TTT 模式,即在自愿养老保险的三个环节征税。由于征税环节较多,且能保证强制实施,逐渐成为联邦预算中较为重要的来源。国家一系列政策措施都建立在这个税收模式基础之上,因此较为复杂的 TTT 便成为当今较为固定的税收模式了。

2. 澳大利亚的个人养老年金

(1)职业养老金保障制度。职业养老金保障制度是澳大利亚养老金体系的第二支柱,属于强制性个人养老年金。虽然目前澳大利亚居民退休的主要收入来自第一支柱的国家基本养老保险,但是职业养老保障年金经过长时间的积累成为澳大利亚居民退休后最主要的收入来源。澳大利亚政府对于职业养老金保障制度越来越重视,通过税收优惠以及个人自主选择养老基金的方式来促进个人购买,以缓解财政压力。

（2）退休储蓄账户。在澳大利亚自愿养老储蓄计划为退休储蓄账户（RSAs），它不采用受托人制度，且退休储蓄账户有资本金保证，因此是一种低成本、低收益的养老金产品。它享受同职业养老保障制度同样的税收政策。

3. 澳大利亚个人养老年金税收优惠模式

澳大利亚个人养老年金所采用的税收模式是 TTT 模式，但是政府也通过对各个环节税率水平的调整而达到对个人养老年金的激励作用，也就是说，澳大利亚采用的税惠模式实际上是"ttt"（张小云，2003），其有别于"TTT"。"t"表示对养老年金的缴付款和被保险人领取的养老金征收比较低的税率，或者与其他投资收益的税率相比，"t"是对基金投资收益征收比较低的税率。

（1）缴费阶段。政府要在养老年金的缴费阶段征税，但对雇员和雇主采用不同的税率。对于雇员所缴款项来说，一般不做税收扣除，但对雇员的第一笔 1000 澳元的缴款可以享受 10% 的税收扣除，而且要根据雇员的收入水平来确定免税额度。如果其年收入在 27000 澳元以下，可以享受 10% 的税收回扣，但不能超过最高限额 100 澳元；如果其年收入在 27000—31000 澳元之间，将以 27000 澳元为起点，评估年收入每增加 1 澳元，税收回扣将减少 2.5 澳元。

（2）基金积累阶段。这一阶段政府对养老基金的投资收入按 7.5% 征税，资本利得在经过对通货膨胀的调整后征收同样的税率。

（3）养老金领取阶段。大部分的养老金都包含在受益人的应税收入中按个人的边际税率纳税，但考虑到基金的投资收入已经纳税的情况，养老金领取时可以享受 15% 的折扣。55 岁以后从基金取得一次性支付款在第一笔 90474 澳元内按零税率纳税，超出这一数额的部分则按 15% 的税率缴纳个人所得税。

实际上澳大利亚的个人养老年金在一定程度上具有税收优惠的性质，因为其他类型的储蓄收入包括利息和红利收入与劳动所得同等纳税，最高的边际税率达到 47%。因此澳大利亚个人养老年金的税收优惠模式是"ttt"模式。

2.2.4　瑞典个人养老年金的税收优惠政策

瑞典是世界上第一个强制为所有公民实行公共养老保险制度的国家,20世纪60年代已经建立起了一套比较完善的养老保险体系。经过半个世纪的努力,瑞典的养老保险制度已经更加完善,瑞典也因此被称为"福利国家的橱窗"。

1. 瑞典养老保险体系的演变及构成

早在1905年,瑞典养老金问题专门委员会就针对老年问题提供过一项建设性报告。1915年,依据此项报告制定的养老金法案成为瑞典第一部养老金法律,标志着瑞典养老金制度的建立。该法律规定,瑞典养老制度是普遍性缴费养老金制度,所有18—66岁的瑞典公民都可以参加养老金制度。在第二次世界大战后,瑞典人口出生率下降、预期寿命延长,人口进入老龄化时期,并且老龄化程度越来越严重,瑞典民众对以养老金制度为主要内容的社会保障制度提出了更高的要求。对此,瑞典颁布了退休、失业等一系列社会福利法。其中养老金法颁布于1946年,补充养老金法颁布于1960年。20世纪70年代后期,世界性的经济危机也影响到瑞典,瑞典社会保障制度因此受到严峻挑战。瑞典社会经济发展速度明显下降,以高福利为主要特点的社会保障制度不再有利于瑞典社会经济的发展,并逐渐转变为制约瑞典经济与社会发展的因素。瑞典社会支出直线上升,高居主要欧洲国家前列。1985年,瑞典社会支出占国民生产总值的比例为33.2%,英国为20%,德国为26.6%,意大利为23.7%,法国为30.9%。瑞典政府财政赤字占国内生产总值的比例在20世纪80年代基本保持在50%以上。为实现财政收支平衡,政府只好增加税收,这又使得瑞典成为主要欧洲国家中税率最高的国家之一。1994年,瑞典累计国债已占国内生产总值的84.2%;1995年国内生产总值为14249亿克朗,而国债竟然高达14000亿克朗。瑞典政府债台高筑,所以每年要从财政预算中拿出1000亿克朗偿还国债的利息。如此沉重的财政包袱,严重影响了经济发展,庞大的福利开支给政府造成了沉重的财政负担。在这种情况下,瑞典于1994年通过了一项改革政府养老保险体制的决议,1998年又通过了关于实施养老保险体制改革的法案。这样,瑞典养老保险制度进入了改革阶段。

20世纪90年代的瑞典养老保险制度改革调整了政府、企业、个人三者之间的责、权、利,强调个人权利与义务的统一。改革改变了过去将养老金视为公民权利的观念,把养老金与个人劳动相挂钩,改变养老金的筹资模式和养老金的津贴模式,可以说,新的制度已不再是一个完全的收入再分配系统,而是一个保险系统,该系统由三个层次构成。

第一层次为国民年金计划,国民年金的对象主要是无收入者和低收入者,凡满足资格要求的瑞典公民均可领取一定数额的养老金。国民年金和收入关联年金挂钩,当收入关联年金低于44000克朗时,国家政府负责补足到规定的70000克朗的标准;当收入关联年金在44000—105000克朗时,政府按一定比例给予补助;随着收入增加,国民年金不断减少,当收入关联年金超过105000克朗时,则不再享受任何国民年金。

第二层次为收入关联年金计划,收入关联养老金为每个劳动者设立两个相互独立的个人账户,一个是名义账户,由社会保险管理局负责将缴费的16%计入每个参保人的账户,并转入公共投资基金进行管理和运营,同时作为退休时个人领取养老金的依据,实行现收现付制;另一个是个人账户,实行资金积累制,由养老基金管理局负责将缴费的2.5%划拨到私人基金和共同基金公司进行投资运营,以实现保值增值,雇员退休时,该账户资金的积累再转换为年金,成为退休时养老金的一部分。

第三层次为职业年金计划,该年金账户是由各行业工会和雇主进行协商建立的。据统计,目前瑞典将近90%的雇员参加了职业年金计划。职业年金账户的缴费率依据各行业及参保人员的年龄加以确定,除此之外,雇员还可将工资2.0%—4.5%的部分作为职业养老金存入个人账户,个人账户基金交由私营基金公司管理和运营,以实现保值增值。

由上述内容可见,瑞典实行的是国家管理和私人管理相结合、现收现付与基金积累相结合的养老保险制度。与其他国家不同的是,瑞典的养老保险体系构成中并没有明确界定个人养老年金在整个养老保险体系中的地位和作用。个人养老年金仅仅作为一项商业保险产品加以推广和运用。

2. 瑞典的个人养老年金发展现状

20世纪60年代,瑞典实行的全民皆养老的高福利制度,使得人们对公共养老保险的依赖程度几乎达到了100%,退休者公共养老金的工资替代率高达80%,完善而全面的公共养老保障在很大程度上抑制了个人养老年金的发展。到了80年代,瑞典经历了较长时期的经济衰退,公共养老制度也遭遇了前所未有的危机,90年代开始的公共养老保险制度的改革在缓解政府财政困难的同时,也为个人养老年金的发展带来了机遇,由此,个人养老年金进入快速发展阶段。由下表可见,瑞典寿险保费收入呈逐年上升的趋势,占GDP的比重不断增加,为养老保险的发展提供了条件。

表2-7　瑞典公共年金与寿险保费占GDP的比重

年份	1985	1990	1995	2000	2005
公共养老年金/GDP	—	—	11.8%	11.1%	12.4%
寿险保费收入/GDP	2.43%	2.769%	3.017%	5.038%	5.036%

数据来源:OCED网站和ILO网站。

3. 瑞典个人养老年金的税收优惠政策

尽管个人养老年金并不能成为瑞典养老保险体系的构成部分,但鉴于其在公众养老活动中的重要作用,瑞典政府同样通过税收政策鼓励其发展。2007年,瑞典政府出台了针对个人养老年金供需双方的税收优惠政策。

从个人养老年金产品的供给角度来看,对提供个人养老年金产品的人寿保险公司的保费收入不征税；对其投资所得按照10%的优惠税率征收所得税。从个人养老年金产品的需求角度来看，对个人养老年金产品的消费者的税收优惠包括三个方面：第一，个人购买个人养老年金产品所支付的保费可从其应纳税额中扣减；第二，个人养老年金的投资收益按15%的税率征税，这一税率与其他类型的投资收益的税率（30%）相比，有了一定程度的优惠；第三，个人退休后到保险公司领取养老金时，需要按照个人所得税税率缴纳个人所得税。可见，瑞典个人养老年金的税收优惠实行的是EtT模式。

2.2.5　德国个人养老年金的税收优惠政策

1.德国"里斯特养老金计划"的主要内容

作为西方福利国家之一，德国一直保持着较高的社会福利水平。20世纪末的德国随着人口出生率的降低、平均预期寿命的提高，在原有的以现收现付为基础的法定养老金保险体系下，政府财政开始无力保持高水平的养老金替代率。在此背景下，以扩大第二层次养老保险体系规模，保证法定养老金给付水平长期稳定为目标的"里斯特养老金计划"应运而生。2002年里斯特改革之前，德国退休人员85%的养老收入来源于第一层次养老保险体系，即法定养老金，第二层次和第三层次养老体系的发展严重失衡，政府财政不得不降低养老金替代率并推行改革以缓解财政压力。因此以2002年实施的《老年财产法》为依据的里斯特养老金计划面向的受众群体主要为那些受法定养老金替代率下降导致养老收入减少的人群，包括"公职人员、自由职业者、工资补偿受助者及农业从业人员等职业当中子女数量较多的家庭及中等收入者"，夫妻只有一方属于养老金计划覆盖群体的，另一方也能参加。在激励措施的设计上，里斯特养老金计划存在四项激励措施，包括基础补贴、子女补贴、特别补贴和税收优惠。受政府财政预算所限，里斯特改革分段进行保费额度和补贴力度每两年调整一次。具体的四项激励措施有：

（1）基础补贴。投保人存入里斯特养老保险账户一定数额的保费即可享受政府的财政补贴,投保人在67岁之前可以享受基础补贴。保费以该投保人工资上一年度收入总额的一定比例计算,2008年以后,该比例固定为投保人上一年度工资收入总额的4%。

	保费(上一年度工资收入总额的比例)	基础补贴(欧元/年)
第一阶段(2002—2003年)	1%	38
第二阶段(2004—2005年)	2%	76
第三阶段(2006—2007年)	3%	114
第四阶段(2008年以后)	4%	156

夫妻只有一方属于养老金计划覆盖群体的,另一方只需缴纳最低额度的保费即可享受基础补贴,且最低额度随着家庭子女数量的增多而递减,如下表所示。

	最低保费(无子女)	最低保费(无子女)	最低保费(无子女)
2002—2004年	45欧元/年	38欧元/年	30欧元/年
2005年以后	90欧元/年	75欧元/年	60欧元/年

(2)子女补贴。育有子女的养老金目标群体,除享受基本补贴之外,额外享受子女补贴,补贴持续至子女年满25周岁或能获得独立生活来源为止。

	保费(上一年度工资收入总额的比例)	基础补贴(欧元/年)
第一阶段(2002—2003年)	1%	46
第二阶段(2004—2005年)	2%	92
第三阶段(2006—2007年)	3%	138

	保费(上一年度工资收入总额的比例)	基础补贴(欧元/年)
第四阶段(2008年以后)	4%	185

（3）特别补贴。为鼓励年轻群体参与里斯特养老保险，新入职的未满25周岁的投保人，享受200欧元的一次性特别补贴。

（4）税收优惠。投保人除享受上述补贴之外，在缴纳所得税时，得以税前扣除缴纳的保费及领取的养老金计划内补贴，但领取养老金阶段仍需缴纳所得税。

从里斯特计划的实施过程可以看出，针对不同的人群选择了两种不同的方式来进行补贴：第一种是面向收入较低的劳动者，采用直接补贴的模式，以2008年为例，每个成年公民可以从国家获得154欧元的补助，条件是雇员将其工资的4%（最低60欧元，最高500欧元）用于缴纳退休金，因为低收入人群无需纳税或纳税金额小，虽然直接补贴的额度较低但相比之下更为合算、福利待遇更高；另一种是对高收入人群，对他们更为有利的补贴方式是职工可以将特殊津贴从所得税扣除，纳入退休储蓄账户。高收入的人群以少缴纳一部分个人所得税的形式获得政府补贴，同时政府设定了一个可以从所得税中扣除特殊津贴的上限，以2008年为例，该上限为2100欧元，如果纳税人的应纳税额超过这一限制，也只能获得政策中制定的最高限额的补贴。在产品的投资管理上，德国的里斯特计划中不仅可以选择人寿保险、基金、银行储蓄等，还可以选择德国建房互助信贷社。2005年根据实施的《老年收入法》，德国又推出了吕库普养老金计划。与里斯特计划面向的受众群体主要为低收入劳动者和多子女家庭不同，而吕库普计划更适用于个体劳动者，使得德国的养老保险体系更为全面。

德国里斯特养老金计划实施6年之后，德国第二层次养老保险体系发展规模就从最初的占比5%上升为20%，法定养老金占比缩减至70%，极大地缓解了德国财政压力，改革期间国民经济及社会福利也维持在较高的水平。可以说里斯特改革取得了巨大成功,对于调整同样以现收现付制为基础的我国养老保险体系,具有比较现实的借鉴意义。

2. 德国"里斯特养老金计划"的实践借鉴

(1)"里斯特养老金计划"立足其国情,分阶段进行改革

德国"里斯特养老金计划"的制度设计与实施,以德国的国情为基础,以分阶段的形式逐步推行。而我国个人养老保险税收优惠制度的完善,受税收法律理论发展程度、税制结构和财政收入等因素的影响,建成完备的法律制度也非一日之功,因此也需要结合国情有序推进。

(2)"里斯特养老金计划"分不同人群实施不同的税收优惠

"里斯特养老金计划"在制度设计上,充分考虑不同纳税人的实际情况,例如对经济能力较弱的年轻人及负担比较重的家庭给予更多的补贴或优惠。在我国个人养老年金税收优惠制度的设计上,也应当充分借鉴里斯特改革经验,税收优惠政策可以设定较广的受益人群,并充分考虑影响纳税人负税能力的各项因素,针对不同的人群采用不同的激励措施,提高税收优惠的激励效果。

除了上述这些国家之外,还有许多国家和地区在人口老龄化的背景下,也都进行了养老保险的税惠改革。他们在养老保险市场化过程中通过税收优惠的手段鼓励发展个人养老年金的一些做法值得关注。例如与我国人口老龄化的状况有些类似的日本,在 1984 年就建立了生命保险费和年金保险费的扣除制度,非积累性的保险费支出最高可扣除 3000 日元。日本的个人所得税法规定,人寿保险费支出,国家税免税最高额为 5 万日元,地方税免税额最高为 3.5 万日元。同时还规定一个家庭参加两全保险,领取死亡保险金,每人可以扣除 500 万日元不征税;领取满期保险金、解约退保金可扣除 50 万日元不征税。

还有我国香港地区养老保险的税收优惠也采用的是 EET 模式。20 世纪 90 年代以前,香港约 80% 的劳动者退休后没有任何养老保障,只有一小部分人可以享有职业退休计划,大部分人依靠社会保障援助计划,因为香港政府认为退休保障计划会增加政府的财政负担,妨碍自由竞

争。但进入21世纪，香港人口老龄化程度加深，人们呼吁建立全面的退休保障计划。2000年12月1日，香港正式实施强制公积金制度，形成综合社会保障援助计划、强积金制度及公务员退休金制度、自愿性的职业退休计划及个人储蓄性养老计划的多支柱养老保障体系，为绝大多数劳动者提供了多重退休收入保障。香港强制公积金制度采取个人账户积累制，这样可以激励人们自觉缴费。具体的缴费规定如下："如果雇员的月收入少于4000港元，雇员本人可以不缴费，雇主仍需要按照雇员收入的5%缴费；若雇员月收入超过2万港元，雇主和雇员只需分别缴纳2万港元的5%。强制性和自愿性缴费均可以在税前列支，但雇主缴费的上限为雇员总薪酬的15%，雇员及自营劳动者的年缴费12000港元以内的部分可免征个人所得税；雇主和雇员可以额外进行自愿性缴费。"积累的保险资金交由商业机构运营，资本市场为其运用提供场所，并且政府规定基金的投资收益不纳税；人们领取养老金时基本上也不用纳税。可见其采用的是EET的税收优惠模式。

从以上内容可以看出，不论是在缴费阶段还是在领取阶段，多数国家和地区都对个人养老年金给予了税收优惠，而这些国家商业养老保险业的快速增长一定与税收优惠政策的作用是有关的。

2.3 世界各国个人养老年金税收优惠政策分析

各国从20世纪下半叶开始的养老保障领域多方位变革给个人养老年金的发展提供了一个很好的契机。由此，个人养老年金进入一个快速发展的阶段。有资料显示，OCED国家的个人养老年金规模均有所扩大。以商业保险最为发达的美国为例，其20世纪60年代人寿保险保费占总保费收入的69.1%，而年金保费仅为8%，从1986年开始，年金保险保费收入第一次超过了寿险保费收入，此后年金保险一直保持较快的增长速度，到了90年代末，寿险保费占人身保险保费收入的比重下降到29%，但年金保费却出现了惊人的增长,年金保费收入占人身保险保费收入的比重将近50%。2004年美国年金保险保费收入为2770亿美元,其中个人年金保费收入1721.40亿美元,团体年金保费收入1045.37亿美元,个人年金保费收入已经远远超过了团体年金的保费收入。其他国家个人年金保险的保费收入均呈现出不同程度的增长,英国2005年寿险业保费总额为992.7亿英镑,寿险和年金保险保费占比为36.58%,个人养老年金占比21.64%,团体养老金占比39.83%;德国2005年寿险保费收入为620亿美元,其中个人养老年金的占比达到22%,等等。

在对这些国家个人养老年金影响因素的分析中,我们发现,一国的经济增长状况、社会保障制度、储蓄、消费甚至风险偏好等因素都会对个人养老年金的发展产生影响,只是影响显著性有所不同。在这诸多因素之中,税收优惠政策对个人养老年金的推动作用是不可忽视的。世界多个国家养老保险制度改革的实践也表明,在实行多层次养老保险体系的国家,都会通过建立完善的金融体系和提供合适的税收政策来促进商业养老保险的发展。

2.3.1　世界各国个人养老年金的税收优惠模式

1. 税收优惠模式比较

养老保险的税收政策是政府干预和调控保险市场的一项重要手段。税收政策的选择涉及两个方面的决策:一是宏观方面的决策,政府为了实现一定的经济目标而决定的各项税收措施;另一个是微观方面的决策,主要包括税收政策各构成要素的选择和确定。就养老保险市场而言,税收政策的宏观决策体现为政府是否鼓励养老保险的购买与消费,包括对被保险人和保险人的税收优惠❶。这里主要从被保险人的角度入手,考察政府税收优惠政策模式的选择。

（1）税收优惠模式分类

通常来说,养老年金交易的资金流程体现在三个不同的环节:第一,

---

❶ 朱铭来.保险税收制度经济学分析[M].经济科学出版社,2008.

养老保险的投保人在投保时的保费支付,资金从投保人流向保险人;第二,保险人的资产运作,资金在各种投资渠道中循环,并形成投资收益;第三,保险合同期满后保险人对养老金受益人进行的给付,资金从保险人开始向受益人流动。相应的,政府可以选择在这三个时点上进行征税:(1)个人在购买个人养老年金缴纳保险费(简称缴费)时;(2)养老金积累阶段取得投资收益时;(3)退休后个人从保险公司领取养老金时。依据征税时点的不同,可将个人养老年金的税收优惠划分为八种模式(E=Exempt,表示免税;T=Tax,表示征税),分别为 EET、ETE、ETT、TTE、TET、TEE、EEE、TTT 模式。其中 EET、ETE 和 ETT 模式为延税型的税收优惠模式;TTE、TET 和 TEE 模式为非延税型的税收优惠模式;EEE 和 TTT 模式为较特殊的税收优惠模式。如表2-8所示。

表2-8　个人养老年金税收优惠模式

征税模式	实际组合
延税模式	EET、ETE、ETT
非延税模式	TTE、TET、TEE
特殊模式	EEE、TTT

在以上各种模式中,各个国家较为常用的税收优惠模式包括三种:第一种是 EET 模式,即个人养老年金的缴费阶段和基金积累阶段免税,而在养老金领取阶段缴税;第二种是 ETT 模式,即个人养老年金的缴费阶段免税,而基金积累阶段与养老金领取阶段缴税;第三种是 TEE 模式,即个人养老年金的缴费阶段缴税,基金积累与养老金领取阶段免税。

(2)三种延税模式的比较分析

对个人养老年金,大部分国家采用的是延迟纳税模式,延税模式分为 EET、ETE 和 ETT 三种不同的组合,虽然它们都属于税收递延,但作用效果却相差较大。

第一,从个人税收优惠程度看,EET 模式优于 ETE 和 ETT。理论上,ETE 模式虽然只对个人养老年金的投资收益征税,能产生较大的激励作用,但在实践中,由于很难准确掌握投保人的收益信息,以及管理投资收益比较困难,所以在投资收益积累环节征税很难实现,要想在此投资收益积累环节征税,征管成本很高。目前,我国对个人所得税采用的是七级超额累进税率,对于生命周期不同阶段,个人收入水平一般相差还比较大。例如,在刚开始进入社会时,个人收入水平一般较低;工作一定年限后,个人收入水平相较刚开始工作时,将会有很大的提升;但当个人退休后,其收入水平又有所下降。对于个人的不同收入,适用税率不同。在通常情况下,员工在职期间的收入要高于其退休后的收入,因而他们在缴费环节适用的边际税率要高于个人养老年金领取环节适用的边际税率,在 EET 模式中,这种边际税率的差异可以让员工享受到更多的税收优惠。与 EET 模式相比,ETT 模式除了对个人领取养老金征收个人所得税之外,还对养老金投资收益征收个人所得税,相当于对投资收益征收了两次税,存在双重征税问题,不能产生大的激励作用。

第二,从对政府财政产生的压力来看,EET 模式低于 ETE 和 ETT。虽然老年人口数量在不断增加,但 EET 模式属于对个人领取养老金征收个人所得税,因而政府在员工退休后仍然享有征税权,只要合理科学的设计税收优惠政策,政府并不会产生太大的财政压力。而 ETT 模式虽然也在个人养老金领取环节征税,但其对投资收益积累环节也征税,该环节的征管成本相对较高,冲减了部分政府财政收入,总的财政收入低于 EET 模式下的财政收入。ETE 模式只对投资收益积累环节征税,获得的财政收入低,而征管成本高,因而会给政府财政带来较大的压力。

第三,从政府的征管来看,采取 EET 模式的征管成本最低。通常情况,对个人商业养老金投资收益征税,很难准确获得投保人的投资收益信息,征管成本很高。相比投资收益环节,设计缴费环节和养老金领取环节的税收政策以及管理这两个环节的税收管理更容易。

综合上述内容的比较分析,我们可以知道,在三种延税模式中,EET模式是递延型个人养老年金的最佳选择。EET 模式的个人养老年金可以引导个人合理进行消费和投资,并且不存在重复征税的问题。

（3）各国较多采用的个人养老年金税收优惠模式

通过对世界各国的个人养老年金税收优惠模式的研究发现，一些国家采用的是 EET 和 ETT 模式，选用此类模式，表明政府税收政策的主要目标是激励个人购买养老保险，而以牺牲一定的当期税收收入为代价。也有一些国家选用 TEE 与 TTT 模式，选用此类模式，表明政府更注重当前的税收收入，而在一定程度上减弱了对购买养老年金的激励作用。表 2-9 列示了一些 OECD 国家使用的税收优惠模式。

表 2-9　OECD 国家补充养老年金的税收优惠模式

国家	对象	缴费阶段	基金积累阶段	养老金领取阶段	税收优惠模式
澳大利亚	雇员	T	7.5% 免税	16.5% 免税	TTT
	雇主	15% 免税	7.5% 免税	16.5% 免税	
加拿大	雇员与雇主	E	E	T	EET
丹麦	雇员/雇主	E	15% 免税	40% 免税	ETT
法国	雇员/雇主	E	E	部分免税	EET
德国	雇员/雇主	E	E	T	EET/TET
希腊	雇员/雇主	E	E	T	EET
意大利	雇员/雇主	E	12.5% 免税	T	EET
日本	雇员/雇主	E	E	部分免税	ETT
新西兰	雇员	T	33% 免税	E	TTE
	雇主	21% 免税	33% 免税	E	TTE
瑞典	雇员/雇主	E	15% 免税	T	EET
英国	雇员/雇主	E	E	部分免税	EET
美国	雇员/雇主	E	E	T	EET

上述分析可以看出 EET 模式是大多数国家采用的税收优惠模式，所以下面将对此模式运行的原理进行分析。

2. EET 模式的原理

EET 模式在国际上如此流行，除少数国家之外，一般养老年金的税收优惠都采取 EET 模式,仅仅从个人的角度,认为 EET 模式能得到延期纳税的好处这一点来解释这一现象,是难以令人信服的。那么,为什么会有这么多的国家对养老年金实行税收优惠? 这些国家为什么都不约而同地采取 EET 模式呢?

现代经济中的政府经常会通过各种干预措施去实现促进储蓄、投资、出口、收入公平分配等一系列的社会经济目标。这些措施在带来一定成效的同时,往往也会产生偏离政策初衷的扭曲。在这种情况下,次优税收政策被提了出来,它是用于抵消政府干预政策造成的部分扭曲的一项税收政策。实践中,这种政策大多采取税收优惠措施的形式加以实施。

当今各国的个人所得税立法,多以"增加说"作为其理论基础。"增加说"的基本观点,认为个人的所得包括:所有的净收益、由第三者提供劳务以货币价值表现的福利、所有的赠予、遗产、中彩收入、投保收入和年金、各种周期性收益,但要从中扣除所有应支付的利息和资本损失。按照"增加说"的原理来征收个人所得税对于储蓄是很不利的,假如有两个收入水平和能力都相同的人,一个人将所得消费掉,不进行储蓄;另一个人则省吃俭用,集聚有一定数量的储蓄或财产,那么他还得为他节俭行为承担后果,即支付所得税和财产税,这显然是不合理的。所以,有财政学家提出了所得等同于消费的观念。这种所得概念的合理性源于一些明显的事实:如果仅对消费征税,那么纳税人延迟消费所挣得的利息完全属于纳税人;但是如果对所得征税,那么受到损害的不仅仅是纳税人节省下来的收入,而且还会损害他的利息,因而他的储蓄额也会减少。

个人养老年金的 EET 税收优惠模式是根据递延薪资概念,认为在个人在建立退休养老计划时,不应视为消费和购买某种产品,而是一种储蓄,对这部分储蓄对应的收入应予以免税,这部分储蓄所产生的利息在未进行消费之前也应予以免税。当个人年老时,得到这部分递延收入用于消费时,才予以征税。所以对个人养老年金的税收优惠是按消费支出来征收个人所得税。

EET模式的实质是在所得税税基的选择上,以直接对个人消费支出征收的支出税代替对个人所得的征税。二者的差别就在于:支出税只对所得中用于消费的部分征税,用于储蓄的部分不征税;所得税则对用于储蓄和消费的部分都征税。从经济角度分析,以支出税代替所得税的好处在于:以消费支出为税基避免了所得税对储蓄和投资的不利影响,同时以消费支出为税基进行征税时,可以将通货膨胀的影响自动地纳入税基中,从而避免了个人所得税深受通货膨胀困扰的问题。所以采取EET模式可以在某种程度上纠正所得税存在的不足。与EET模式形成鲜明对比的是,TTE或ETT降低了储蓄后的税后回报率,不利于递延消费。TEE模式虽说对储蓄后的回报率影响不大,但也没起到足够的鼓励递延消费的作用,也不能满足人们及时得到税收利益和害怕政府政策改变的心理。

2.3.2　不同税收优惠模式的效果评价

1. 对激励效果的分析

不同的税收模式下,由于政府选择征税的运营时点不同,给予的优惠程度不同,因此对年金购买者所产生的激励效果也有所不同。

对于"递延型"税收模式EET与非"递延型"税收模式TEE比较来说,个人纳税额的现值是相同的,也就是说对于EET模式,较之TEE模式国家牺牲了当期的税收,但换来的却是对个人购买养老年金的激励,因而EET模式的激励效果最强。同样属于"递延型"税收模式ETT虽然在缴费阶段免税,但由于其在基金积累阶段的征税造成个人退休后资产较EET模式有所下降,所以ETT模式虽然有一定的激励效果,但其效果却比不上EET模式。

同为"非递延型"的TEE模式与TTE模式,由于在缴费环节征税,人们会因为享受不到税收优惠带来的当前利益而去选择更具吸引力的投资产品,因此这两种模式对个人养老年金购买所产生的激励作用较小。特别是在TTE模式下,因设有双重征税,它的激励效果最不明显。而TTT

模式,由于其在各个环节都征税,个人在退休后领取的养老金额度受到了较大的影响,因而是所有模式中激励效果最差的。

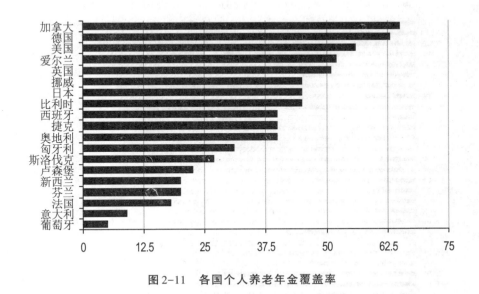

图 2-11　各国个人养老年金覆盖率

从图 2-11 中可以看出,个人养老年金覆盖率位于前 8 位的国家均采用了"递延型"税收优惠模式(EET),未采用税收优惠的葡萄牙(TET)、新西兰(TTE)、意大利(ETT)的个人养老年金的覆盖率明显低于采用了"递延型"税收模式的加拿大、德国、美国、英国等国家。因此采用税收优惠可以激励个人购买养老年金,扩大个人养老年金的覆盖率,很好的起到对国家基本养老保险的补充作用。

如图 2-12 所示,精算师认为养老金替代率达到 70% 即能为退休个人提供充足的保障。英国与美国的 DC 计划,均采用了 EET 税收模式。在这些国家的养老保险体系中,个人养老年金占替代率的一半以上。正是由于个人养老年金占较高的比例,才使得养老金替代率达到或者接近70% 的目标。澳大利亚采取的是 TTT 的税收模式,且为国家强制个人购买。由图所示,其养老金替代率只有 45%,与目标 70% 相差 25%,因此通过降低每个环节的税率而达到激励的效果不如采取"递延型"税收模式明显。

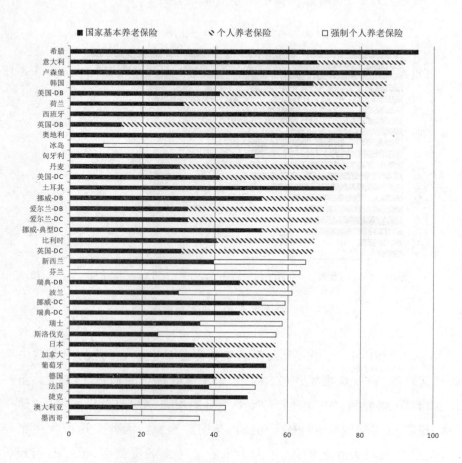

图 2-12　OECD 各国养老金替代率

2. 对个人退休后养老收入的影响

选择不同的税收优惠模式,还会对个人退休后的养老金收入产生不同的效果。下文选取个人月交纳保费比例不变的情况下,计算在不同税收优惠模式下获得的养老金收入来进行分析。

现假设个人购买个人养老年金的支出费用占月工资收入比例不变的情况下,某人年收入为 W,工资年增长率为 a,收入中用于购买个人养老年金的保费支出为 cW，c 为购买个人养老年金的保费支出占工资的比例，个人所得税率为 t，投资收益率为 r，缴费年限为 n，养老金收入所得税为 b。

（1）EET 模式下，个人用于购买个人养老年金的支出费用为 cW，这部分费用可在税前列支，缴费年限内的投资收益不征税，在期末领取养老金收入时交纳个人所得税。

第一年末缴费为：cW，本金收益累计值为：$cW(1+r)$

第二年末缴费为：$cW(1+r)$，本金收益累计值为：

$$cW(1+r)^2 + cW(1+a)(1+r)$$

以此类推，雇员工资以 a 的比例增长，缴纳的保险费年收益率为 r，在 EET 模式下 n 年后得到的本金与收益累积值为：

$$cW\left[\begin{array}{c}(1+a)^{n-1}(1+r)+(1+a)^{n-2}(1+r)^2+\cdots \\ +(1+a)(1+r)^{n-1}+(1+a)^0(1+r)^n\end{array}\right]=$$
$$cW\left\{\left[(1+a)^n-(1+r)^n\right]\big/(a-r)\right\}(1+r)$$

EET 模式下，在领取养老金环节需要缴纳个人所得税，因此个人最终的养老金收入为：

$$cW\left\{\left[(1+a)^n-(1+r)^n\right]\big/(a-r)\right\}(1+r)(1-b)$$

EET 模式下的财政税收收入在两种纳税方式下分别为：

①按工资的一定比例缴纳保费时，个人需缴纳税款为：

$$cW\left\{\left[(1+a)^n-(1+r)^n\right]\big/(a-r)\right\}(1+r)b$$

②按固定数额缴纳保费时，个人需缴纳税款为：

$$cW\left\{\left[(1+r)^n-1\right]\big/r\right\}(1+r)b$$

（2）在 TEE 模式下：个人每月用于购买个人养老年金的支出费用为 cW，这部分费用不能在税前列支，缴费年限内的投资收益不征税，在期末领取养老金收入时不缴纳个人所得税。

第一年末缴费为：$cW(1-t)$，本金收益累计值为：$cW(1-t)(1+r)$

第二年末缴费为：$cW(1-t)(1+a)$，本金收益累计值为：

$$cW(1-t)(1+r)^2 + cW(1-t)(1+a)(1+r)$$

以此类推，雇员工资以 a 的比例增长，缴纳的保险费年收益率为 r，在 TEE 模式下 n 年后得到的本金与收益累积值为：

$$cW\left[\begin{array}{l}(1+a)^{n-1}(1+r) + (1+a)^{n-2}(1+r)^2 + \cdots \\ +(1+a)(1+r)^{n-1} + (1+a)^0(1+r)^n\end{array}\right](1-t)$$
$$= cW\left\{\left[(1+a)^n - (1+r)^n\right]\big/(a-r)\right\}(1+r)(1-t)$$

TEE 模式下，在领取养老金环节不需要缴纳个人所得税，因此个人最终的养老金收入为：

$$cW\left\{\left[(1+a)^n - (1+r)^n\right]\big/(a-r)\right\}(1+r)(1-t)$$

TEE 模式下的财政税收收入在两种情况下分别为：

$$cW\left[(1+a)^0 + (1+a) + (1+a)^2 + \cdots + (1+a)^{n-1} + (1+a)^n\right]t$$

①按工资的一定比例缴纳保费时，个人需缴纳税款为：

$$cW\left\{\left[(1+a)^n - 1\right]\big/a\right\}t$$

②按固定数额缴纳保费时，个人需缴纳税款为：$cW \times n \times t$

（3）在 EEE 模式下，缴费环节不需要纳税，因此，在雇员工资以 a 的比例增长的情况下，缴纳的保费年收益率为 r，在 n 年后得到的本金与收益累积值为：

$$cW\left[\begin{array}{l}(1+a)^{n-1}(1+r) + (1+a)^{n-2}(1+r)^2 + \cdots \\ +(1+a)(1+r)^{n-1} + (1+a)^0(1+r)^n\end{array}\right]$$
$$= cW\left\{\left[(1+a)^n - (1+r)^n\right]\big/(a-r)\right\}(1+r)$$

由于在领取环节也不需要缴纳个人所得税，因而个人最终的养老金收入也为：

$$cW\left\{\left[(1+a)^n - (1+r)^n\right]\big/(a-r)\right\}(1+r)$$

而政府的财政收入为零。

（4）在 TET 模式下，缴费环节与 TEE 模式相同，在雇员工资以 a 的比例增长时，保费的年收益率为 r，在 n 年后得到的本金与收益累积值为：

$$cW\left\{\left[(1+a)^n-(1+r)^n\right]\Big/(a-r)\right\}(1+r)(1-t)$$

由于在领取环节要缴纳个人所得税，因而个人最终的养老金收入为：

$$cW\left\{\left[(1+a)^n-(1+r)^n\right]\Big/(a-r)\right\}(1+r)(1-t)(1-b)$$

该模式由于要征收两次所得税，因而政府的财政收入在两种情况下分别为：

①按工资的一定比例缴纳保费时，个人需缴纳税款为：

$$cW\left\{\left[(1+a)^n-(1+r)^n\right]\Big/(a-r)\right\}(1+r)(1-t)b+$$
$$cWt\left\{(1+a)^n-1\Big/a\right\}$$

②按固定数额缴纳保费时，个人需缴纳税款为：

$$cW\left\{\left[(1+r)^n-1\right]\Big/r\right\}(1+r)(1-t)b+cW(t\times n)$$

为计算方便和比较，现假设每月支出 100 元用于购买个人养老年金，投资年收益率为 10%，个人所得税率为 25%，投资时间为 3 年，贴现率与投资收益率相同为 10%，则各种个人养老金税收模式对个人最后养老金收入的影响如下表所示。

表 2-10　税惠模式示例

项目　　　　税惠模式	EET	TEE	EEE	TET
缴费额	100	100	100	100
缴费阶段纳税额	0	25	0	25
税后净资产	100	75	100	75
基金积累额	33.1	24.8	24.2	18.6

项目 税惠模式	EET	TEE	EEE	TET
退休后资产	133.1	99.8	124.2	93.6
领取阶段纳税额	33.25	0	0	23.4
养老金净收入	99.8	99.8	124.2	70.2
政府税收收入	33.25	25	0	48.4

由以上数据不难看出,EET模式较之另外两种模式,从养老金的净收入现值来看,消费者的满足程度最大;从政府的税收收入的净现值来看,较之ETT与TTE又有所不足,容易形成对政府财政的即期压力。综合来看,在EET模式下,养老金的总收入的现值最大,而这项指标正是从国家即期财政压力最小(税收净现值最大)和个人福利最大(养老金的净收入现值最高)的角度综合考虑的结果。因此可以说,EET是较为理想的税收优惠模式,TEE和ETT模式次之。

3. 对政府税收成本的影响

政府通过对个人养老年金实行税收优惠,会促使个人将部分储蓄转移到养老金账户,这样会产生一部分机会成本,这些成本可以看成是国家税收的减少。

Kwang-Yeo Yoo 和 Alain de Serres(2004)通过现值法对各国的税收模式的机会成本进行了测算。基本思路是通过各国对个人养老年金采取的税收模式与各国普通储蓄的国家税收模式进行对比,通过现值法,算出个人购买个人养老年金产生的机会成本。其测试结果如下:

(1)由于各国采用具体的税收模式不尽相同,导致个人养老年金产生的成本千差万别,例如在捷克,个人在养老年金每缴纳1美元保费将产生40美分成本。而在墨西哥与新西兰,个人缴纳养老保费不产生任何成本。

(2)在OECD国家中,有半数以上国家的个人养老年金产生的税收成本超过了20美分,而这些国家中的大部分采用了EET税收模式。因而,对个人养老年金采用 EET 税收模式的国家普遍具有较高的税收成本。

（3）对于那些未采用 EET 税收模式的国家来说，其面临的税收成本相对较低。例如采用 ETT 税收模式的意大利和瑞典，只产生了 15 美分左右的税收成本。税收成本较低的主要原因在于对缴费阶段的征税、基金积累阶段的征税或者对两个环节共同的征税。

（4）对于个人养老年金采取 TTT 税收模式的澳大利亚，其税收成本也高达 30 美分，这说明澳大利亚虽然未采取"递延型"税收优惠政策，但是其在各个征税点还是具有一定的税收优惠幅度。

（5）新西兰的税收成本为零，原因是国家对个人养老年金以及储蓄采用的是同种税收政策，个人购买养老年金相比于储蓄不会产生任何的机会成本。

综上所述，国家采用任何税收优惠政策都会产生一定的税收成本，这些成本构成了国家税收的损失，进而构成了一国的财政负担。税收优惠的环节越多，对各个环节优惠的幅度越大，其产生的税收成本就会越高。因而政府是否对个人养老年金进行税收优惠，以及对于个人养老年金税收优惠的幅度依赖于国家的财政能力。

2.4　国外经验对我国个人养老年金税收优惠的启示

个人养老年金的养老金收入在世界许多国家老年群体的退休收入中是非常重要的组成部分。这些国家大多采用税收优惠政策鼓励个人积极的投资于养老保险。借鉴发达国家经验利用税收优惠政策促进我国个人养老年金发展是非常必要的。一方面有利于降低当前国家养老保险中的企业缴款率，从而减轻企业的养老支出负担；另一方面则有利于推动我国资本市场的发展。但不管采取何种税收优惠政策，都要以一国的财政状况为基础。若采用 EET 模式，我国是否能承受住高额的税收成本是政府需要考虑的因素；而采用 TEE 模式，是否会失去明显的激励效果,也是需要考虑的事情。因此,在财政压力能够负担的背景下选择最具激励效果的税收优惠模式这一思路是值得借鉴的。

2.4.1 税收优惠政策的实现需要以法律为依据,强调公平

纵观各国个人养老年金的税收优惠政策,基本上都是通过相关法律法规来加以确定的。

1. 以法律为依据

税收是一个国家政府宏观调控经济、实现社会政策目标的重要工具,国家的经济基础主要来源于纳税人缴纳的税款,税收政策应当体现公民的意志。而且税收政策的任何改变,都会对各类经济主体的经济活动产生影响,可谓是牵一发而动全身,因此需要税收的相关法律来规范税收活动的方方面面,税收优惠也是税收政策中的构成,因此也需要通过法律法规来加以明确。在实践中,无论是美国、德国、日本还是其他国家在推出商业养老年金的税收优惠政策时,都已经在相关法律中对有关个税递延型养老年金的投保方式、投保资格、责任划分以及诸多细节做出了明确规定。例如,参加人员的资格、税收优惠的额度、养老金的支取等等。只有从法律层面对税惠政策进行确定,才能保证在个人养老年金在操作中的不同阶段,税收优惠的过程有所依据。

2. 体现公平,兼顾各方利益

税收优惠政策应充分体现公平,兼顾各方利益。税收优惠是给特定的纳税人以税收特权,本质上与税法的平等对待与税收负担的公平分配原则相冲突。考虑到这一点,各国在税收优惠政策的制定中将影响纳税人税收负担能力的各种因素考虑在内,适当地向税负能力较弱的纳税人倾斜。首先,考虑政策对不同收入群体的公平性。为了让优惠政策尽可能地覆盖所有人群,不论是美国的个人养老金计划,还是德国的里斯特养老计划等,都考虑了对低收入人群的补贴,而且认缴的额度一般都为一定的收入比例,同时设定缴费上限。其次,考虑不同年龄阶段参与者

之间的公平。一般情况下,纳税人收入水平随着年龄增长递增,对于刚刚步入社会的年轻人及年过半百的老年人,其经济能力一般比较弱,而已婚、育有子女的家庭,在经济负担上也重于未婚及无子女家庭。因此,在各国税惠政策中针对不同年龄的纳税人给以不同的税惠政策。例如,美国的个人养老年金计划规定,如果投保人年龄在 50 岁以上,那么允许该投保人每年可免税的额度比 50 岁以下的人群的免税额度增加 5500 美元,从而照顾了不同年龄参加者之间的公平。这一做法,在我国个人养老年金税收优惠政策制定时可以参考借鉴。

2.4.2　税收优惠多采用 EET——个税递延型模式

1. 个税递延模式对个人养老年金的缴款予以免税

在现代税制中,对收入所得流量实际上是在收入来源和收入支出两个征税点上进行征税的。换句话说,就是各种收入所得,不仅要在取得时负税,而且在消费支出时也可能直接或间接的承担税负。但是,各国政府为了刺激养老保险的需求,鼓励保险性消费,都对纳税人各种收入用于养老保险支出给予税收扣除的优惠。但同时为了防止高收入人群滥用这些税收减免条款,对于减免税的额度有所限定或规定有一些限制条件。例如,美国投保人一笔投资利息收入,若用于应税消费的购买,则不仅对投资的利息收入要承担税负,而且在消费支出时也可能要承担税负,但是如果该投资利息收入被用来支付养老年金的保险费,则该支出可以从计税收入中扣除。同样,在德国、法国和瑞士等国家,对养老年金的保险费支出也允许部分甚至是全部做税前扣除。甚至于像英国政府为了刺激养老保险需求的增长,曾长期实行按保险费提供 15% 政府补贴的措施。

借鉴国外的做法,我国对个人养老年金的保险费支出也可以采用部分或全部免税的优惠政策,鼓励更多的消费者购买个人养老年金,从而促进个人养老年金的发展。

2. 对个人养老年金基金的投资收益予以免税

在 OECD 成员国中,大多数国家都对个人养老年金的投资收益不征税。对投资收益征税的国家也都采用比其他储蓄投资收益低的税率,来激励投资者购买个人养老年金产品。例如,澳大利亚对个人养老基金的投资收益征收的税率为 15%,而对其他储蓄的投资收益视同劳动所得征税,其税率对最高收入者可达 47%。瑞典个人养老基金投资收益的税率为 10%—15%,而其他储蓄的投资收益的税率为 30%。

对养老年金投资收益的税收优惠,使养老年金保险在许多国家成为最具诱惑力的投资领域,这也可以说是西方国家在较为完善的社会保障体系下仍维持了发达的养老保险市场需求的重要原因。因此,在政府财政允许的条件下,我们国家也可以考虑对个人养老年金的投资收益给予税收减免,以鼓励个人购买养老保险。

3. 个税递延型税收优惠对人们的激励效应明显

从各国的实践来看,EET 模式对人们参加个人养老年金的激励效果比较明显。采用个税递延的税惠政策,政府给予了投保人以"隐形补贴",不仅增加了投保人获取投资收益的本金、降低了即期应税收入的适用税率,而且投保人综合投资收益与退休期间低个税税率的双重优势还能使其取得资本利得的净增加。因此,个税递延型养老保险是非常具有投保吸引力的。值得注意的是,不同收入水平的投保人从中取得的效用可能不同,原因在于,保费列支前和列支后的个税税率差、保费列支前与退休领取的个税税率差,直接决定了不同投保人的福利改善幅度。理论上来说,无论是高收入者还是低收入者都可以享受个税递延的优惠,但是若在相同的扣除比例下,高收入者可以比低收入者获得更大的节税空间,不仅递延金额创造的资本利得多,而且即期税负大大降低。那么,个税递延型养老保险的实施极有可能与个人所得税的设定宗旨——调节收入差距形成矛盾。因此,在看到该类保险产品对投保人养老层面的显著激励效应的同时,需要在政策设计上对避税意图予以缜密考虑。对养老年金投资收益的税收优惠,使养老年金保险在许多国家成为最具诱惑力的投资领域,这也可以说是西方国家在较为完善的社会保障体系下仍维持了发达的个人养老年金的重要原因。

从政府税收的角度来看,国家统计局显示2017年我国个人所得税税收为11966亿元。根据之前个税递延型养老年金税收优惠方案计算,政府的整体税式支出规模约为1145.25亿元,以40年计算,每年为28.63亿元,占2017年全国个人所得税收入的比例为0.24%,会对政府税收产生一定的压力,但相对而言所占政府的税收比例较低。个税递延型养老年金的税式支出对于政府的整体税收收入影响较小,使其推行具有可持续的财力保障,通过较小的税收损失可以达到维护社会稳定、促进社会和谐的效果。同时,对保险机构而言,个税递延型商业养老保险试点的施行无疑会挖掘商业养老保险的潜在市场空间,促进人寿保险业务的快速发展,保险机构的业务规模将逐渐扩大,预计将带来千亿级别的保费增量,加快我国养老保险体系的建设。

2.4.3 税收优惠中规定了限制性条件

不管采取哪种税收优惠方法,政府对于税收优惠还需采取必要的限制措施。在国际视野的考察中,我们也发现即便大部分国家都采取相同的 EET 模式,但在各环节实施税收优惠的同时,都采取了必要的限制措施。

世界大多数国家都将一次性支付的养老金和普通养老年金在税收上同等对待,也有些国家对一次性支付的养老金给予较轻的税收待遇。例如,美国《税收法》中有关个人退休账户的各项税收优惠规定,都是为了鼓励个人将退休之前的一部分收入以延税的方式储蓄起来,以备将来退休后使用。按现行法律规定,年龄低于70.5岁的个人向IRA账户的缴款最多可达5000美元。如果雇员已婚,雇员配偶没有收入或配偶收入有限,有收入方可以在对方的IRA内每年存4000美元;如果双方都有收入且年龄小于70.5岁,他们可以分别建立属于自己的账户。另外,《税收法》中规定有强制性缴费额提款要求,一方面是对提款的最迟时间做出规定;另一方面是对提款的最低数额做出规定。如果个人年龄达到70.5岁时,就必须从账户中提款,而且提款的金额也规定了最小提款额。根据《税收法》的要求,如果没有提款,或是提款没有达到最小提款额的,需要就没有达到最小提款额的款项缴纳50%的附加惩罚税,这一惩罚税由个人支付。

在英国,相当于最后工资额1.5倍的一次性支付款可以免纳个人所得税。这种税收模式对鼓励个人养老年金是十分有效的。但是,一次性养老金的支付会导致养老基金规模及其养老金支付金额的不断减少,加拿大和法国则不允许一次性支付保险收益,也不给予税收上的优惠。考虑到我国的实际情况,也不能对一次性付款实行税收优惠政策。因为"一次性支付"养老金的方式不一定能够保证投保人有足够的收入维持其退休后的基本生活;此外,为保证一次性支付的提款,养老基金投资的很大一部分都可能是流动资产,这就有可能降低基金的投资收益率。在这种方式下,只会对政府的税收造成一定的浪费。

一项政策能否顺利推行要看该项政策是否充分考虑本国或本地区的现实需求。个人养老年金的税收优惠政策在制定和实施过程中也是如此。例如,德国就是因为人口老龄化程度过高,对政府财政压力过大,使现有的养老金现收现付模式出现了危机,在制定了一揽子拯救现有养老制度的措施下,在2001年开始全面推行"里斯特养老计划",推行之后,还根据现实情况进行了适度的调整。

还需指出的是,养老金计划的发展还离不开有效完备的监管,政府在出台相关政策法规时,尽量能做到并驾齐驱、多管齐下,如配合养老金税制同时制定监管法规。而且个人养老年金能够迅速发展还离不开高度发达的资本市场,只有依靠资本市场的成功运作才能实现养老基金的保值增值,两者之间能形成良性的互动,而相比之下我国的资本市场尚不成熟,因此规范和完善资本市场也是发展个人养老年金的重要条件。

总之,由于税收政策的改变会对国民经济的各个组成部分产生较大的影响,因此需要结合中国的经济发展状况和政府财政能力,把握中国个人养老年金及其税收政策面临的主要矛盾（即供求存在结构性失衡的问题以及税收模式与当前税法能否吻合）和问题,才能制定出效果最佳、成本最低的个人养老年金税收政策。

小　结

人口老龄化的趋势愈演愈烈。在众多的老年人口面前,政府承受着巨大的压力,有限的财政收入如何支付越来越多的养老需求,成为各界关注的问题。世界银行提出的三支柱养老保障体系为各国解决养老问题提供了很好的思路。本章在对人口老龄化产生的经济影响进行分析的基础上,着重于介绍各国作为第三支柱的个人养老年金的发展状况以及政府给予的税收政策上的支持。税收优惠在实践中并没有一个放之四海而皆准的模式。不同国家在不同的政治、经济、文化背景下所选择的税收优惠模式也会不同,但至少告诉我们税收优惠已经成为各国激励需求的重要手段。可选择的税收优惠模式有很多,不同的税收优惠模式对个人养老年金的需求产生不同的影响,其中最为多见的选择是 EET 模式,因为这种模式产生的激励效果最为显著。世界不同国家在税收优惠方面的做法为我国如何选择税惠模式,如何进行安排都提供了可借鉴的经验。

第3章 中国个人养老年金税收优惠的现状与问题

随着我国人口老龄化程度的日趋加剧,如何结合我国的政治、经济、文化背景,对个人养老年金实行税收优惠政策,选择有效而合理的税收优惠模式,不仅对完善我国养老保险体系意义重大,对推动整个保险业的发展同样具有重要意义。本章介绍了我国个人养老年金的发展历程及现状,并对试点城市在推行个人养老年金税收优惠政策中存在的问题进行了分析。

3.1 中国个人养老年金的发展背景分析

新中国刚成立时出生的人群,如今已经是70岁以上的年龄,开始步入高龄阶段。不可否认,他们曾是共和国建设的中坚力量,为国家建设立下了汗马功劳,但随着年龄的增长,这群人开始渐渐退出就业市场,成为退休人口。我国也步入了人口老龄化国家行列,老年人口的比重逐年上升,给我国经济乃至社会发展带来了新的问题和挑战。传统的现收现付制的公共养老保险首当其冲,受到人口老龄化的影响,其可持续性受到质疑。仍处于发展中的中国经济,能提供的社会财富十分有限,在这种未富先老的状态下,如何支撑起日益庞大的老年人口的养老保障,是一个值得深思的问题。在三支柱养老保险体系中,除了强调政府的责任之外,可以适当增加个人和市场的养老保险责任,通过商业年金的方式给老年人提供更高层次的养老保障。

3.1.1 中国人口老龄化的发展趋势和原因分析

人口进入老龄化阶段成为未来影响经济增长的重要因素。发达国家在20世纪90年代进入老龄化社会,人口老龄化不仅带来了赡养老人费用的增加和劳动适龄人口潜在抚养负担加重,而且还导致社会劳动力资源的相对减少以及劳动效率的相对下降,尤其是创新及接受新技术的能力的下降会导致生产率的增长放缓,无益于经济总量的扩大。人口老龄化还使得养老保险体系中现收现付制的公共年金难以维系,公共养老制度受到威胁。目前,发达国家的退休金支出已经占到其国内生产总值的12%,据测算到2040年,这一数字将达到国内生产总值的24%。那么,我国人口老龄化的程度如何? 什么是导致人口老龄化程度日益加深的原因? 本节将就上述问题进行分析。

1. 中国人口老龄化的现状

在中国,人口老龄化已经成为不可回避的事实。全国第五次人口普查的统计结果表明,2000年中国老年人口已经超过人口总数的10%,按照人口学中人口老龄化的衡量指标来看,我国在2000年时就已经步入了老龄化社会。人口老龄化主要表现为老年人口占总人口的比例快速增长,工作人口所负担的退休人口的比重不断上升。如表3-1所示,到2008年末,我国60岁以上老年人口达到15989万人,占全国总人口的比重为12.00%,从2000到2008年短短的八年间增加了2989万人,年平均增长373.63万人,年增幅为0.25%,其中,65岁及以上老年人口有10956万人,占全国总人口的比重为8.30%,年平均增长264.88万人,年增幅为0.16%。近年来我国人口的老龄化程度不断加剧,2019年末我国60周岁及以上人口为25388万人,占总人口的18.1%,比2018年增长了859万人,提高了0.2个百分点。其中65周岁及以上人口17603万人,占总人口的12.6%。比2018年增长了827万人,提高了0.7个百分点。2000年到2019年这20年间我国60周岁以上人口净增1.2亿,65周岁及以上人口占总人口比例从6.9%上升到12.6%,成为迄今为止,世界上唯一一个老年人口数量超过2亿人的国家。根据中国老龄办的预测,2050年我国老年人口数将达

到峰值 4.87 亿,占总人口的 34.9%。老年人口将比现在增加近一倍,每 3
人中将会有 1 个老年人[1]。这些数字足以说明,无论是按照 60 岁的标准
还是 65 岁的标准,我国现有的老年人口数量都已经非常巨大,已经成为
全世界老年人口最多的国家。

表 3-1　2000—2020 年中国老年人口数量及占比

年份	60 岁以上人口 数量(万人)	60 岁以上 人口占比	65 岁以上人口 数量(万人)	65 岁以上 人口占比
2000	13000	10.0	8821	7.0
2001	/	/	9062	7.1
2002	/	/	9377	7.3
2003	/	/	9692	7.5
2004	/	/	9857	7.6
2005	14400	11.0	10055	7.7
2006	14901	11.3	10419	7.9
2007	15340	11.6	10636	8.1
2008	15989	12.0	10956	8.3
2009	16714	12.5	11307	8.5
2010	17765	13.3	11894	8.9
2011	18499	13.7	12277	9.1
2012	19390	14.3	12777	9.4
2013	20243	14.9	13262	9.7
2014	21242	15.5	13902	10.1
2015	22200	16.1	14524	10.5
2016	23086	16.7	15037	10.8
2017	24090	17.3	15961	11.4
2018	24949	17.9	16724	11.9
2019	25388	18.1	17767	12.6
2020	26402	18.7	19064	13.5

　　数据来源:据 2000 年以来国家国民经济和社会发展统计公报资料整理汇总。
2004 年以前只有 65 岁以上人口统计数字,没有 60 岁以上人口统计数字,故未列出。

---

[1] 李丽. 个税递延型养老保险试点社会调查及政策优化[J].甘肃金融,2020(10),47.

2. 中国人口老龄化的发展趋势

国内外很多学者着手运用不同的方法对中国人口老龄化趋势进行了分析。根据《中国人口老龄化发展趋势百年预测》的结果,2010年老年人口数为1.74亿人,占总人口的12.8%,2020年将增至2.48亿人,占总人口的17.2%,到2037年会超过4亿人,2051年达到最大值,之后将会维持在3—4亿人的规模。整个21世纪上半叶,中国都将是世界上老年人数最多的国家。老年人口数量剧增对养老保障制度和为老服务体系的建设提出了更高的要求❶。

表3-2中列式出中国老年人口未来一百年(2010年—2100年)的变动趋势(原新,2000)。可以看出,在21世纪前半叶,老年人口规模不断扩大,老龄化程度的提升也十分迅速,在2065年左右,老年人口数达到峰值,将近3.4亿,2065年之后,老年人数不再递增,而会出现小幅回落,基本稳定在3.1亿人左右。

表3-2 未来中国老年人口规模及老龄化变动趋势

年份	老年人口数(万人)	老龄化程度(%)
2010	11451	8.4
2015	13428	9.5
2020	16805	11.6
2025	19404	13.1
2030	23053	15.3
2035	27631	18.1
2040	30759	30.1
2045	31366	20.4
2050	31523	20.6
2055	32704	21.5
2060	33434	22
2065	33595	22.2

❶ 中国老龄科研中心.中国城乡老年人口状况追踪调查[EB/OL].[2008-06-29].http://www.chinapop.gov.cn/ 200112190019.htm.

年份	老年人口数(万人)	老龄化程度(%)
2070	33086	21.9
2075	32175	21.4
2080	31529	21
2085	31370	20.8
2090	31814	21.1
2095	32451	21.7
2100	33121	21.7

资料来源:原新,二十一世纪我国老年人口规模与老年人力资源开发[J].广州:南方人口,2000.1。

中国老龄委对我国人口老龄化的预测也得到了同样的结论。在他们的报告中将中国未来人口老龄化的发展分为了三个阶段:2001至2020年是第一阶段,称为快速老龄化阶段。在这一阶段,我国每年将增加596万老年人口,年均增速为3.28%,大大超过总人口年均0.66%的增长速度,人口老龄化进程明显加快。到2020年,老龄人口将达到2.48亿人,老龄化水平将达到17.17%,80岁以上的高龄老人将达到3067万人,占老年人口总数的12.37%。

2021年至2050年属于第二阶段,称为加速老龄化阶段。这一阶段由于人口增速放缓以及二次生育高峰的人群开始步入老年,老年人口数量呈现出加速增长的态势,平均每年增加620万人。预计到2050年,老年人口总数将超过4亿人,老龄化水平将被推进到30%以上,80岁及以上者的高龄人口将占到老年人口的21.78%,高龄化趋势明显。

2051年至2100年属于第三阶段,称为重度老龄化阶段。2051年老年人口规模将达到峰值4.37亿,此后将逐步稳定在3—4亿人,但此时老年人口占总人口的比重已经上升到31%左右,而80岁及以上的高龄人口占老年人口的比重维持在25—30%。从人口结构来看,中国人口进入了高度老龄化的平台期。

上述不同机构、不同学者采用的预测期限不同,方法各异,具体结论也不完全一致,但是预测得到的老龄化趋势却是相类似的:其一,在未来的50年里,中国人口总量将继续增长,并在30到40年内达到峰值(16亿);其二,人口老龄化将加速,在人口总量达到峰值时,人口老龄化程度也达到峰值(3—4亿人)。人口抚养比大幅提升,届时平均每4—5人中就有一位老年人,社会和家庭的养老负担沉重;其三,伴随着人口总量和老龄人口的增加,高龄老人的数量也在不断增加,对这些高龄人群在养老、医疗等方面的支出将会随之增加,造成更为严重的社会压力。

3. 中国人口老龄化的原因分析

人口老龄化的主要原因可以概括为两个方面:其一是出生率的下降,其二是寿命的延长。就我国的实际情况来看,20世纪70年代末开始实行计划生育政策之后,出生率呈现出明显的下降趋势。如表3-3所示,20世纪50年代到80年代出生率的平均值为3.2%,到21世纪初下降到1.9%。据预测,2050年到2150年人口出生率将下降到1.23%,在出生率不断下降的同时,生活环境的改善、医疗保健条件的提高,使得人们的寿命不断的延长,我国人均寿命在1950年时只有49岁,到1982年时提高到67.77岁,2008年更是达到了72岁,这一上升趋势在未来仍将不断的持续下去。在下降的出生率以及延长的人均寿命这两者的共同作用下,我国出现了较为严重的老龄化、高龄化现象。

表3-3　1950—2150年中国人口出生率、死亡率和增长率的平均值与峰值

年份	出生率(%)		死亡率(%)		增长率(%)	
	平均值	峰值	平均值	峰值	平均值	峰值
1950—1980	3.2	4.3 (1955)	1.3	2.5 (1960)	1.6	2.9 (1965, 1970)
1980—2010	1.9	2.3 (1990)	0.71	0.78 (2010)	1.1	1.2 (1980, 1985)

年份	出生率(%)		死亡率(%)		增长率(%)	
	平均值	峰值	平均值	峰值	平均值	峰值
2010—2050	1.4	1.5 (2010)	0.91	1.08 (2050)	0.5	0.69 (2010)
2050—2150	1.23	1.3 (2050)	1.12	1.15 (2075)	0.1	0.22 (2050)

资料来源：Word Bank Population Projection 1950—1982，1992—1993，1994—1995 Edition。

4.1.2　人口老龄化对中国养老保险制度的影响

在1949到1967年间出生的人口群被人们称为"战后婴儿潮"，如今都已经成为中老年人口。不可否认，他们曾是共和国成长中的中坚力量，为国家建设立下了汗马功劳，但随着年龄的增长，这群人开始渐渐退出劳动领域，步入退休人口的行列。他们可以说是中华人民共和国成立以来人数最多，同时也是最富裕的一代退休人口。他们所面临的退休生活也不同于过去的任何一个时期：首先，随着经济环境和社会思维的变迁，愿意并且能够照顾退休父母的年轻人越来越少；其次，迅速到来的老龄化人口导致整体社会责任加重，退休金及各项福利等问题使社会成本不断加大，但是经济成长、税收增长以及政府各项应对措施却无法跟上社会老龄化所增加的要求。这一退休人群是否能在政府运作的各项保障下实现基本的生活需要存在一定的风险。

1. 人口老龄化导致老年人口抚养比增加

人口老龄化的一个重要表现是在增加老年人口数量的同时，导致劳动人口在人口总量中所占比重的下降。这就意味着更少的劳动人口养活更多的退休人口，即老年人口抚养比[1]上升。1953年我国老年人口抚养比为7.44%，1990年为8.35%，2000年为10.15%，2010年增长到11.90%，2020年为19.7%。与世界人口赡养率相比，2010年之前，我国老年人口抚

---

[1] 抚养比也称为赡养比，是指65岁以上人口数量占工作人口(15岁至64岁)数量的比重。

养比从数值上来看,小于世界人口抚养比,但2010年之后,我国老年人口抚养比超过了世界平均水平,并且逐年提高,预计2050年将达到37.50%。由此可见,我国的老年抚养指数超出了世界上同等经济发展水平的其他国家,这意味着未来人口老龄化给我国经济造成的压力会大于其他发展中国家。

表3-4　中国和世界人口抚养比预测值表单位:%

年份	1950	1980	1990	2000	2010	2020	2030	2040	2050
世界人口赡养率	8.59	10.08	10.03	10.96	11.69	14.34	18.05	22.03	24.86
中国人口赡养率	7.44	7.98	8.35	10.15	11.34	19.70	23.95	35.11	37.50

资料来源:Population Division 2003,World Population Prospects:The 2002 Revision,New York。

而我国现实的老年人口抚养比的增长速度远快于预测值,2020年的老年人口抚养比达到19.7%,比2010年高出7.8个百分点。2021年我国出生人数和出生率分别为1062万和0.75%,均创新中国成立以来新低,老年人口抚养比达到20.8%,逼近发达国家水平,形势严峻。即便已经全面放宽计划生育政策,2021年我国出生人数也仅为1062万,同比下降12%;出生率仅为0.75%,两者均新中国成立以来新低。与发达国家对比来看,我国出生率已经显著低于英美等发达国家,以下降速度来看,即将与日韩持平。老年人口抚养比也呈现出不断上升的趋势,2021年已经达到20.80%,相比2000年增长超过一倍,已经达到美国水平的80%以上,而2020年这一比例仅为53%。

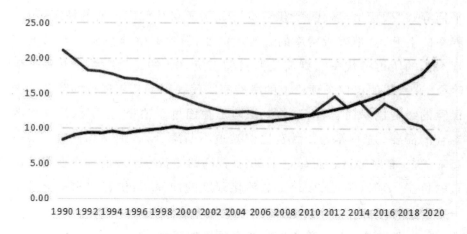

图 3-1　1990—2021 年人口出生率和老年抚养比

资料来源：Wind，国家统计局，华创证券。

　　随着老年人口逐渐退出劳动领域，劳动人口占比的不断下降，在经济规模不断扩展的条件下，劳动力资源萎缩、供给不足，而劳动力的短缺势必会影响社会财富的增加，带来的直接后果是可供养老使用的公共养老年金给付水平的下降，换言之，就是能够分摊到每个老年人身上的养老金相对减少，保障老年人基本生活水准的物质基础受到影响。事实上，目前国内参保人员的负担系数有逐年提高的趋势，接近 3 名劳动人口供养 1 名退休人口，已经到了承担能力的边缘。

　　2. 人口老龄化加重政府和企业的养老负担

　　人口老龄化的直接后果是需要支付养老金的老年人口基数扩大。按照江亦曼、于学军等人的预测，2010 年 65 岁以上的老龄人口比例超过8%，2040 年预计超过 20%，即每 5 个人中就有一位是 65 岁以上的老人。如果将这些老年人口全部纳入基本的公共养老保障体系，即使人均支付养老金的标准不变，也会带来养老金支付数额的大幅度增加。原来适应年轻人口结构，以占人口绝大多数的劳动人口供养人口占比较低的老年人的养老制度体系将难以为继。根据养老保险社会统筹账户年度收支平衡等式"缴费率=替代率×供养率"来看,所得替代率不变的情况下,供养率的上升,会带来缴费率的上升。例如,目前的供养率为1:4,若要实现40%的所得替代率❶,则需按照目前工资10%的比例缴纳公共养老保险金,这一比例仅仅是理论上的缴费率。就我国近几年现行的公共养老保险的缴费比率而言,由于养老保险覆盖面过于狭窄,为了满足支付养老金的需要,这一养老金缴费比例被迫不断攀升,各地平均已在20%—25%左右,有些地区甚至超过了30%,较高的缴费率给政府和企业带来沉重的负担。可以预见的未来,老龄化程度的加深,当供养率水平上升到一定程度时,企业的缴费率将达到其最大承受能力。

3. 人口老龄化带来养老保险资金预算的压力

公共养老保险制度的设立基础是人口结构年轻化的相对稳定状态的存在。在较高的生育率水平下,劳动人口在总人口中始终占较大比例,老年人口赡养率比较低。以下一代人供养老一代人为特征的现收现付制作为基本的制度支撑点,保证了传统公共养老保险制度的有效运行。然而,人口老龄化打破了这种制度均衡,总量相对收缩的下一代人已经不能完全供养人口相对膨胀的上一代人,社会养老基金陷入入不敷出的窘况。根据帕拉科斯(Palacios,1994)的预测,如果现行人口发展趋势及保障制度不变的话,到2050年,所有OECD成员国的公共养老金的支出额将占到GDP的16%以上,在发展中国家,这一比例将达到13%—14%。表3-5列出了我国1989至2020年退休人数的变化状况,可以看出,不论从总量上还是占比上看,均呈现出上升的趋势,相对应的退休人员费用也在逐年上升,退休费用的上升给养老保险资金预算带来压力,使传统养老保险体系的运行难以维系。

---

❶ 所得替代率是指最初年金给付额占退休前一年所得百分比。其依不同层次而有不同的标准,一般而言,以社会安全为目的的所得替代率要求较以维持退休前生活品质为目的的替代率低。美国公共年金所预定的替代率为40%,而经济学家通常认为维持退休前生活水准的所的替代率应在60%—80%之间,换言之,要想维持退休后生活品质至少需要退休前60%的所得。

表 3-5 1989—2020 年中国退休人口数及退休金占比变动

	退休人数（万人）	退休人数年增长率（%）	退休金（亿元）	退休金年增长率（%）	退休人口人均费用（元/人）	人均费用年增长率（%）	退休金占GDP比重（%）
1989	893.4	/	146.7	/	1642.0	/	0.85%
1990	965.3	8.05%	178.8	21.88%	1852.3	12.80%	0.95%
1991	1086.6	12.57%	215.7	20.64%	1985.1	7.17%	0.98%
1992	1681.5	54.75%	365.8	69.59%	2175.4	9.59%	1.35%
1993	1839.4	9.39%	503.5	37.64%	2737.3	25.83%	1.41%
1994	2079.4	13.05%	707.4	40.50%	3401.9	24.28%	1.45%
1995	2241.2	7.78%	950.1	34.31%	4239.2	24.61%	1.55%
1996	2358.3	5.22%	1171.8	23.33%	4968.8	17.21%	1.63%
1997	2533.4	7.42%	1337.9	14.17%	5281.0	6.28%	1.68%
1998	2727.3	7.65%	1459.0	9.05%	5349.6	1.30%	1.71%
1999	2983.6	9.40%	1965.1	34.69%	6586.3	23.12%	2.17%
2000	3169.9	6.24%	2278.5	15.95%	7187.9	9.13%	2.27%
2001	3380.6	6.65%	2489.0	9.24%	7362.6	2.43%	2.25%
2002	3607.8	6.72%	3171.5	27.42%	8790.7	19.40%	2.61%
2003	3860.2	7.00%	3680.0	16.03%	9533.2	8.45%	2.68%
2004	4102.6	6.28%	4258.4	15.72%	10379.8	8.88%	2.63%
2005	4367.5	6.46%	5093.3	19.61%	11661.8	12.35%	2.72%
2006	4635.4	6.13%	6309.8	23.88%	13612.2	16.72%	2.88%
2007	4953.7	6.87%	7834.2	24.16%	15814.8	16.18%	2.90%
2008	5303.6	7.06%	9740.2	24.33%	18365.3	16.13%	3.05%
2009	5806.9	9.49%	11490.8	17.97%	19788.2	7.75%	3.30%
2010	6305	8.58%	13419.5	16.78%	21283.9	7.56%	3.26%
2011	6826.2	8.27%	16894.7	25.90%	24749.8	16.28%	3.46%
2012	7445.7	9.08%	20001.0	18.39%	26862.5	8.54%	3.71%
2013	8041	8.00%	22680.4	13.40%	28205.9	5.00%	3.82%
2014	8593.4	6.87%	25309.7	11.59%	29452.5	4.42%	3.93%
2015	9141.9	6.38%	29340.9	15.93%	32095.0	8.97%	4.26%

续表

	退休人数（万人）	退休人数年增长率（%）	退休金（亿元）	退休金年增长率（%）	退休人口人均费用（元/人）	人均费用年增长率（%）	退休金占GDP比重（%）
2016	10103.4	10.52%	35057.5	19.48%	34698.7	8.11%	4.70%
2017	11025.7	9.13%	43309.6	23.54%	39280.6	13.20%	5.21%
2018	11797.7	7.00%	51167.6	18.14%	43370.8	10.41%	5.57%
2019	12310.4	4.35%	52918.8	3.42%	42987.1	−0.88%	5.36%
2020	12762.3	3.67%	44375.7	−16.14%	34770.9	−19.11%	4.37%

注：退休人数：参加城镇基本养老保险的离退休人员；退休金：城镇基本养老保险的基金收入。

资料来源：中国统计年鉴、中国财政年鉴。

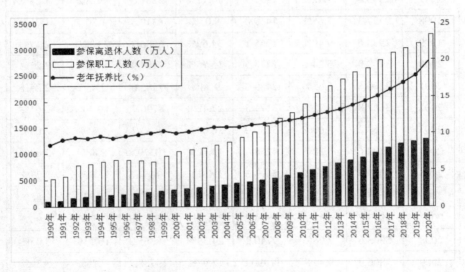

图 3-2 中国养老保险体系负担

资料来源：国家统计局，中国统计年鉴。

由上述分析可知，人口老龄化一方面使得养老金支出数额不断上升，另一方面又减少了养老金的供给来源。在人口老龄化带来的双重压力，原有的养老保险体系举步维艰。为了缓解人口老龄化带来的支出压力,世界各国纷纷探讨对养老保险制度的改革对策。其中最突出的就是将养老保险责任在国家、雇主和受益者个人三个利益主体之间重新划分,即将原来主要由政府负担的养老保险责任更多地转移给个人,更多地发挥市场和个人在养老保险中的作用。从这一点出发,发展个人养老年金不失为一个有效的途径。

3.2 中国个人养老年金的发展状况

3.2.1 中国个人养老年金的发展历程

个人养老年金是养老保险体系的重要组成部分,它与团体养老年金、企业年金一起构成了公共养老保险体系之外的重要补充。就个人养老年金的性质来看,其具有投保自愿、保险金额灵活的优点,可以根据不同消费者的消费水平高低为其量身定做独特的养老保障计划,对于保障人们退休后生活品质,发挥着极为重要的作用。我国个人养老年金的发展历程统一于人寿保险的发展历程,大致可以分为三个阶段。

1. 中国个人养老年金初步探索阶段(1986—2000 年)

养老保险是伴随着 20 世纪 80 年代保险业恢复而开始发展的,可以说自复业以来,养老保险就受到了各界的关注与重视。1991 年《国务院关于企业职工养老保险制度改革的决定》规定"随着经济的发展,逐步建立起基本养老保险与企业补充养老保险和职工个人储蓄性养老保险相结合的制度",这是第一次提及个人养老年金应该作为职工养老保险的补充形式加以实施;后来,财政部与税务总局对于保险公司开办养老保险业务中满足特定条件的项目进行了税收减免的规定:保险公司开办 1 年期以上到期返还本利的养老保险业务的保费收入,免征营业税;1995 年《保险法》中规定了人身保险公司的经营对象——含个人保险和团体年金保险;随着经济的发展,以及人口老龄化趋势的到来,个人养老年金日益被提上议事日程,其补充作用愈发被人们重视,个人养老年金产品在这种形式下应运而生。

2. 中国个人养老年金加速发展阶段（2001—2007 年）

2001—2007 年是我国个人养老年金加速发展的阶段，主要体现在国家政策的大力宣传与众多经营主体和创新产品的出现。

（1）政策层面

2003 年十六届三中全会《关于完善社会主义市场经济体制若干问题的决定》指出了"鼓励有条件的企业建立补充养老保险，积极发展商业养老、医疗保险"；2004 年，保监会全面放开了对外资寿险公司经营养老金业务的权限，外资保险企业开始涉足中国的养老保险市场；2006 年，《国务院关于保险业改革发展的若干意见》再次提出要大力发展个人养老年金业务，并将其重要性提到前所未有的高度，由此，保险业迎来了养老保险业务发展的一次飞跃。

（2）经营主体方面

一方面，个人养老年金业务经营主体的数量迅速增加，自 2004 年第一批养老专业保险公司（平安、太平保险）成立之后，中国人寿、泰康、长江养老也纷纷登上舞台，通过提供各自富有特色的个人养老年金产品，为消费者创造了更大的选择空间；另一方面，各经营主体也在不断通过设立分公司、增加注册资本等形式，加快在养老保险领域的扩张步伐。

（3）产品创新方面

随着金融市场的逐渐完善，以 2005 年为分界线，各大寿险公司对产品进行了完善与创新，一改原来的利率固定型养老保险产品，开发出利率浮动型的分红险和万能险，赋予了养老保险这种长期、带有储蓄性的产品保障之外的投资功能，更能满足消费者多样化的投资需要。

3. 中国个人养老年金制度明确阶段（2008 年—2018 年）

2008 年是我国个人养老年金政策繁盛的阶段。2008 年 1 月，保监会完善出台的《保险公司养老保险业务管理办法》是我国第一部完整、专业的养老保险方面的管理规定，它全面、多层次地规范了养老保险业务的经营准则与法律责任，是约束养老保险业务实施的准绳，对促进我国个人养老年金具有重要意义。政策的繁盛大大促进了理论向实际的转变，2008 年以后，大量贯彻了个人养老年金补充作用精神的试点地区开始出现，天津滨海新区是第一次颁发补充养老保险实施细则的地区。《天津滨海新区补充养老保险试点实施细则》第四十三条规定：企业为职工购买补充养老保险的费用支出在本企业上年度职工工资总额 8% 以内的部分，可以在企业所得税前扣除；补充养老保险的个人交费部分则可在个人工资薪金收入 30% 以内的部分，在个人所得税前扣除。虽然由于税惠额度过大，与现行税法抵触较严重，细则实施不久就被叫停，然而，这条极具诱惑力的细则在促进个人养老年金发展上所做的努力是值得肯定的，天津市政府表示将通过地方财政补贴的方式，来继续实施个人税收优惠政策。

2008 年 12 月，《国务院办公厅关于当前金融促进经济发展的若干意见》第十六条提出：积极发展个人、团体养老等保险业务，鼓励和支持有条件企业通过商业保险建立多层次养老保障计划，研究对养老保险投保人给予延迟纳税等税收优惠。该意见对上海先行试行开展个人税收递延型养老产品起到了一定程度的推动作用。更为重要的一点是，无论是天津滨海新区的试点细则，还是 2008 年底《国务院办公厅关于当前金融促进经济发展的若干意见》和在 2009 年 3 月召开的"两会"上，一个多次被共同提及的问题是针对养老保险实施税收优惠。"两会"之后，上海个人税收递延型养老保险试点已被提上日程，这无疑对我国个人养老年金的发展具有巨大的推动作用。

4. 中国个人养老年金制度明确阶段（2018 年至今）

2018 年 4 月 2 日，由五部委联合发布的《发展个税递延型养老保险试点的通知》内容可知，税收递延型个人养老保险试点时间是从 2018 年 5 月 1 日开始到次年 5 月，在上海市、福建省（含厦门市）、苏州工业园区进行为期一年的试点工作。在试点阶段采取个人缴费税前扣除标准对账户资金收益免税，在将来个人领取养老金时征税。在缴费阶段，设置了 6% 的比例和 1000 元/月的定额双重缴费扣缴上限；在基金积累期，此前积累的收入免税;等到了领取基金的时候,其中25%的收入实行免征税费的原则,剩下的75%则按10%纳税,当达到法定退休年龄后,就可按规定以每月或每年为单位领取养老金,领取期限可以是一生或超过15年,如果在此期间,出现死亡或根据合同规定的残疾或得了重大疾病的参保者都可以一次领取完养老金❶。试点期间的产品由保险公司在"收益稳健、长期锁定、终身领取、精算平衡"原则的指导下开发。试点开始后的时间里,又提出了商品管理、信息登记平台、相关部门协作、投资基金和税收征管问题的公告等,进一步说明了试点期间各部门协同合作与相关准备工作。以试点城市上海市为例,2018年6月7日,全国首单由太平洋人寿在上海市成功签发。同年10月,为员工上报个税递延型养老保险的企业就有899户,其中多为经营效率好的企业,不过这一数字也创新了企业参加的记录。截至2018年10月底,上海税延养老保险业务累计承保保单22852件,累计实现保费3400余万元,居于试点城市首位。保险公司在一年的推广中总体很积极,但是推行效果却不太理想,相较银保监会批准的23家,只有其中16家实际经营了。其中位于上海的太保寿险业务量最大,经过几年来的发展,试点的效果不如预期。

2022年4月20日,国务院办公厅发布《国务院办公厅关于推动个人养老金发展的意见》,将选择部分城市先试行1年,个人养老金正式启动。《推动个人养老金发展的意见》的主要内容包括:参加个人养老金的人员范围为在中国境内参加城镇职工基本养老保险或者城乡居民基本养老保险的劳动者;采用个人账户制度,缴费完全由参加人个人承担,账户实行完全积累的制度模式;设定了缴费水平,上限为12000元/人/年;对个人养老金账户实施税收优惠政策,鼓励符合条件的人员参加个人养老金制度并依规领取个人养老金;个人养老金的投资范围为符合规定的银行理财、储蓄存款、商业养老保险、公募基金等运作安全、成熟稳定、标的规范、侧重长期保值的满足不同投资者偏好的金融产品,自主选择;个人养老金不可提前领取,到达基本养老金领取年龄、完全丧失劳动能力、出国

---

❶ 师慧颖.发达国家个税递延型养老保险经验借鉴[J].经济研究导刊,2020(17):49-50.

(境)定居,或者具有其他符合国家规定的情形,经信息平台核验领取条件后,可以按月、分次或者一次性领取个人养老金,领取方式一经确定不得更改,参加人身故后账户资产可继承❶。

3.2.2　中国个人养老年金的基本情况

个人养老年金是寿险的一种特殊形式,即从年轻时开始定期缴纳保险费,并按照合同约定的年龄开始持续地、定期地领取养老金的人寿保险,能有效地满足客户的养老需要。

1. 个人养老年金产品

从目前市场上存在的各保险公司的年金产品来看,按照受益人的多少可分为两类:一种是个人年金保险,投保人和被保险人均为个人;一种是团体年金保险,投保人是机关、团体和企事业单位,被保险人是在职人员。

如果按照保险产品的性质来分大致可以分为三大类:第一类,传统型养老年金。这类养老年金的利率是预先确定的,一般设定在 2.0% 至 2.4% 之间,养老金的领取时间和金额都是投保时就选择好的,该类产品适合于没有良好储蓄观念、理财风格保守和不愿承担风险的人群。第二类,创新型养老年金。这类养老年金在具有传统型的养老年金的基本保障功能之外,还具有分红型、投资连接型保险产品的功能:分红型的养老保险产品规定有保底的预定利率,这个利率通常比传统养老年金险稍低,一般定在 1.5% 至 2.0% 之间,但在预定利率的收益之外,最具诱惑的是还可以获得不确定的分红利益;投资连接型的养老保险产品不设保底利率,保险公司只是收取账户管理费,盈亏全部由投保人一方自己承担,因此具有较高的风险,可以说是一种高风险、高收益的养老投资产品。第三类,万能型寿险。万能型寿险是一种长期的理财手段,偏重于账户的累积,也可以用作个人养老金的积累,该类型产品在扣除部分初始费用和保障成本后,保费进入个人账户,个人账户部分也有保证利率,目前

---

❶《国务院办公厅关于推动个人养老金发展的意见》2022 年 4 月 21 日,中央人民政府网。

一般在2%至2.5%之间,除此之外,还规定有不确定的额外收益。万能型寿险具有保额可变、缴费灵活的特点,这类保险产品适合收入缺乏稳定性的中高收入者。

2.个人养老年金保费收入

作为养老的制度安排,个人养老年金产品有着其他寿险品种不可比拟的优势,它可以通过在退休期间提供给养老金领取人持续、稳定的终身收入,来为老年人的退休生活提供保障。随着我国居民收入水平的明显提高,养老意识的逐渐增强,用于个人储蓄性的养老支出也随之增加,购买个人养老年金的人数逐年递增。从该表所示数据中可以看出,我国寿险业发展迅速,2003年至2020年寿险保费持续增长。在寿险保费不断增长的同时,个人养老年金的保费收入也在逐年提高,但其增长幅度较小,而且个人养老年金保费收入占寿险保费收入的比重较低。

表3-6 2004—2021年寿险保费收入(单位:亿元)

年份	寿险保费收入	年份	寿险保费收入
2004	2851	2013	9425
2005	3247	2014	10902
2006	3593	2015	13242
2007	4464	2016	17442
2008	6658	2017	21456
2009	7457	2018	20723
2010	9680	2019	22754
2011	8696	2020	23982
2012	8908	2021	23572

数据来源:根据银保监会数据汇总得出。

现如今我国已经进入老龄化社会,最紧迫的是在日趋严峻的人口老龄化与养老保险体系不完善的背景下,解决老年人晚年养老的问题。就我国国情来看,公共养老保险替代率基本维持在只能降而不能再提高的现状,而作为我国企业年金主要参与者的企业,由于受资本市场和经济条件的制约,成本负担已经非常沉重,因此企业年金替代率的提高也只能循序渐进而不能一步到位。鉴于公共养老保险和企业年金面临的困难,大力发展个人养老年金成为当前的必然选择。另一方面,从我国个人养老年金的市场空间来看,具有很大的发展潜力。因此,促进个人养老年金的迅速发展,是缓解我国公共养老保障不足的有效途径。

3.2.3　中国个人养老年金发展的必要性分析

公共养老年金可以保障老年人退休后的基本生活,是一种用于满足基本生存需要的收入保障制度,属于人们第一层次需要的范畴。而企业年金和商业养老年金则着眼于为老年人提供更高层次的老年收入保障,因此可归入第二层次或者更高层次的需要。随着人们收入水平的提高,我国老年人的需求层次正在发生着变化。

1. 老年人需求层次的变化

在一个老龄化的社会中,老年人的需求也可以从马斯洛的五个需求层次来分析。从马斯洛的需求层次理论来看,随着经济的发展,人们的需要层次将会逐步提高。商业性的个人养老年金在发达国家,不论是规模还是保障程度都优于发展中国家,这在一定程度上从经济学的角度说明了老年人的需求与年轻人一样,在满足了基本需要之后,便会进一步追求第二或更高层次的需求。

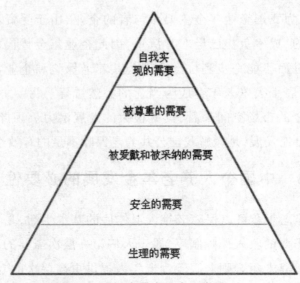

图3-3　马斯洛需求层次示意图

　　在经济比较落后的国家,由于人们的收入有限,以满足第一层次的需要为主,因此,层次较单一的养老保险制度对社会经济发展的影响并不大,但在经济发达的工业化国家,单一层次的养老保障制度是不能满足老年人生活需要的。当人们的收入差距拉开之后,不可能在同一社会养老保险制度内一起进入更高层次的保障,这不仅意味着在更高层次需求上的平民化,而且国家承担的支付压力是非常大的,这种制度的可持续性值得怀疑。在福利国家中,单一或占较大比重的社会保障制度已经使许多国家不堪重负,纷纷改革社会保障制度或削减社会保障开支,说明更高层次上的社会保障制度已在财务机制上遇到了障碍。

　　美国投资企业协会(Investment Company Institute, ICI)2007年对退休员工进行了一项调查,把被调查人群按2006年收入的高低分为4个组,每个组占总人数的25%,第一组为最低收入组,第二组为中等偏低收入组,第三组为中等偏高收入组,第四组为高收入组。其中,高收入组退休员工的补充养老保险和其他收入已经占其总收入的69%,远远超过公共年金提供的31%的收入;与此相反,低收入组退休员工的公共年金提供的收入占总收入的比重高达 86%。这组调查数据显示,美国的养老保障制度中不同支柱的替代作用在不同收入的退休员工中是不同的,高收入员工的退休收入中补充性养老年金收入占比较高,说明他们处于较高的需求层次,而低收入员工的退休收入中公共年金占较高比重,说明他们处于较低的需求层次,这组调查数据与需求层次理论的结果是吻合的。

我国已经有相当大一部分人在经济收入上进入了追求第二或更高层次的需求。而一个国家制度不可能将工作时的生活方式和退休时的生活方式截然分开,即在工作时期可以享受较高水准的生活,满足较高层次的需要,退休后则在较低的、只能满足第一层次的生活条件下生活,这是不现实的。因此有相当一部分人需要更高层次的老年收入保障制度以保证老年生活水准与年轻时不要相差过于悬殊,这为商业性养老年金创造了一个较好的发展机遇。

2. 公共养老年金出现供不应求

就商业养老年金和公共养老保险之间的关系来看,商业养老年金的需求会受到公共养老保险水平的影响。如果公共养老保险为人们提供了较高的养老保障,则减少了人们对未来个人生存风险的担忧,对商业养老年金的需求量也会随之减少;相反,如果社会养老保障水平较低,人们就不得不通过购买商业养老年金来弥补基本养老保险的不足。韩国学者 Kim 关于中国养老保险发展的研究中表明,政府的人均社会保险支出每增加 100 美元,寿险保费会减少 6.9 美元。

就我国公共养老年金目前的状况来看;逐渐出现了供不应求的现象,从另一个角度看,是为个人养老年金的进一步发展提供了空间。

(1)公共养老年金的覆盖率

如表 3-7 所示,在养老保险体系多年改革和过渡过程中,公共养老保险的参保职工人数从 1990 年的 5200.70 万人增加到 2000 年的 10447.5 万人,2010 年的 21565.00 万人,2020 年增长到 32858.7 万人。这一系列数字说明我国公共养老年金参保人数增长很快。2020 年末,中国城镇就业人员为 46271 万人,其中 32858.7 万人参加了社会基本养老保险,占就业人员总数的71%。但同时期离退人员年均增长约24%,远远超过参保职工的增长率,养老保险体系的负担增加,致使基本养老金支付困难增加。20年间共增长241.2%,年均增长约12.06%。

表3-7　中国参加公共养老保险人数及占比

年份	城镇就业人数（万人）	城镇人口数量（万人）	参保离退休人数（万人）	参保职工人数（万人）	参保职工占城镇就业人口比重（%）	参保人数占城镇人口比重（%）
1990 年	17041	30195	965.3	5200.7	30.5	20.4
1991 年	17465	31203	1086.6	5653.7	32.4	21.6
1992 年	17861	32175	1681.5	7774.7	43.5	29.4
1993 年	18262	33173	1839.4	8008.2	43.9	29.7
1994 年	18653	34169	2079.4	8494.1	45.5	30.9
1995 年	19040	35174	2241.2	8737.8	45.9	31.2
1996 年	19922	37304	2358.3	8758.4	44.1	29.8
1997 年	20781	39449	2533.4	8671	41.7	28.4
1998 年	21616	41608	2727.3	8475.8	39.2	26.9
1999 年	22412	43748	2983.6	9501.8	42.4	28.5
2000 年	23151	45906	3169.9	10447.5	45.1	29.7
2001 年	24123	48064	3380.6	10801.9	44.8	29.5
2002 年	25159	50212	3607.8	11128.8	44.2	29.3
2003 年	26230	52376	3860.2	11646.5	44.4	29.6
2004 年	27293	54283	4102.6	12250.4	44.9	30.1
2005 年	28389	56212	4367.5	13120.4	46.2	31.1
2006 年	29630	58288	4635.4	14130.9	47.7	32.2
2007 年	30953	60633	4953.7	15183.2	49.1	33.2
2008 年	32103	62403	5303.6	16587.5	51.7	35.1
2009 年	33322	64512	5806.9	17743	53.2	36.5
2010 年	34687	66978	6305	19402.3	55.9	38.4
2011 年	35914	69927	6826.2	21565	60	40.6

年份	城镇就业人数（万人）	城镇人口数量（万人）	参保离退休人数（万人）	参保职工人数（万人）	参保职工占城镇就业人口比重(%)	参保人数占城镇人口比重(%)
2012 年	37102	72175	7445.7	22981.1	61.9	42.2
2013 年	38240	74502	8041	24177.3	63.2	43.2
2014 年	39310	76738	8593.4	25531	64.9	44.5
2015 年	40410	79302	9141.9	26219.2	64.9	44.6
2016 年	41428	81924	10103.4	27826.3	67.2	46.3
2017 年	42462	84343	11025.7	29267.6	68.9	47.8
2018 年	43419	86433	11797.7	30104	69.3	48.5
2019 年	44247	88426	12310.4	31177.5	70.5	49.2
2020 年	46271	90220	12762.3	32858.7	71	50.6

资料来源：国家统计局，中国统计年鉴(2000—2020)汇总计算得出。

（2）公共养老保险的收支预算分析

人口结构的老年化使公共养老基金的支出规模不断扩大。1998 年公共养老基金的支出增长率比基金的收入增长率高出了 10 个百分点以上，基金结余虽然增加，但基金累计结余的可支付年份大致在 0.4—0.5 徘徊，表明基本养老保险支柱并不很牢固（如表 3-18 所示）。而另据权威机构统计预测，2001 年到 2075 年间，我国基本养老保险的收支缺口将高达9.15 万亿元。如此巨大的资金缺口，势必给国家财政带来巨大压力。

表 3-8　1994—2020 年社会养老保险基金收支与积累情况　单位：亿元

年份	社会养老保险基金收入	社会养老保险基金支出	社会养老保险基金结余	社会养老保险基金累计结余	累计结余可支付年数
1994 年	707.4	661.1	46.3	304.8	0.46
1995 年	950.1	847.6	102.5	429.8	0.51

年份	社会养老保险基金收入	社会养老保险基金支出	社会养老保险基金结余	社会养老保险基金累计结余	累计结余可支付年数
1996 年	1171.8	1031.9	139.9	578.6	0.56
1997 年	1337.9	1251.3	86.6	682.8	0.55
1998 年	1459.0	1511.6	−52.6	587.8	0.39
1999 年	1965.1	1924.9	40.2	733.5	0.38
2000 年	2278.5	2115.5	163	947.1	0.45
2001 年	2489.0	2321.3	167.7	1054.1	0.45
2002 年	3171.5	2842.9	328.6	1608.0	0.57
2003 年	3680.0	3122.1	557.9	2206.5	0.71
2004 年	4258.4	3502.1	756.3	2975.0	0.85
2005 年	5093.3	4040.3	1053	4041.0	1.00
2006 年	6309.8	4896.7	1413.1	5488.9	1.12
2007 年	7834.2	5964.9	1869.3	7391.4	1.24
2008 年	9740.2	7389.6	2350.6	9931.0	1.34
2009 年	11490.8	8894.4	2596.4	12526.1	1.41
2010 年	13872.9	10755.3	3117.6	15787.8	1.47
2011 年	18004.8	13363.2	4641.6	20727.8	1.55
2012 年	21830.2	16711.5	5118.7	26243.5	1.57
2013 年	24732.6	19818.7	4913.9	31274.8	1.58
2014 年	27619.9	23325.8	4294.1	35644.5	1.53
2015 年	32195.5	27929.4	4266.1	39937.1	1.43
2016 年	37990.8	34004.3	3986.5	43965.2	1.29
2017 年	46613.8	40423.8	6190	50202.2	1.24
2018 年	55005.3	47550.4	7454.9	58151.6	1.22
2019 年	57025.9	52342.3	4683.6	62872.6	1.20
2020 年	49228.6	54656.5	−5427.9	58075.2	1.06

资料来源：根据国家统计局，中国统计年鉴 1997—2020，汇总得出。

　　据西南证券预测,到 2028 年我国公共养老金将出现缺口,从趋势的角度来看,2028—2050 年养老金缺口将逐年逐步扩大。由此可见,随着老年人口的不断增加,仅依靠公共养老保险很难满足整个社会老年人口养老的需求。

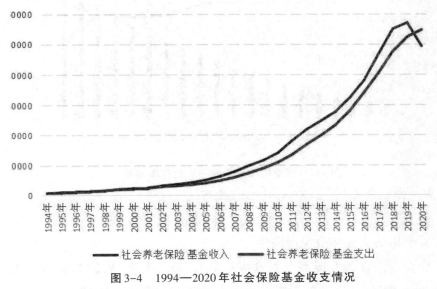

图 3-4　1994—2020 年社会保险基金收支情况

资料来源:人力资源和社会保障部,Wind,西南证券整理。

（3）公共养老年金的替代率

　　目前国际公认较为合适的养老金替代率水平为 70%—85%,但自 2001 年起我国城镇职工养老金替代率已下降至 65% 左右。近年来随着居民收入和工资水平的不断提升,养老金替代率加速下滑,2021 年末我国城镇职工养老金替代率已降至 40% 左右,与 70% 的国际标准存在着巨大的缺口。从趋势上来看,近五年我国城镇居民人均养老金复合增速为 5.0%,低于在岗职工平均工资 7.8% 的复合增速,结合国家统计局公布的"按照 CPI 计算的通胀年增率",中国近年来的通货膨胀率维持在 2% 上下浮动,未来养老金替代率可能仍进一步下降❶。

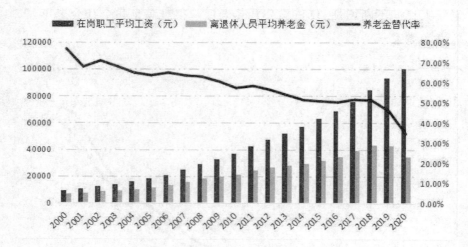

在岗职工平均工资（元）　　离退休人员平均养老金（元）　　养老金替代率

图 3-5　城镇职工养老金平均替代率水平

资料来源:国家统计局,Wind,华创证券整理。

3. 中国的企业年金发展滞后

企业年金作为我国养老保障体系中的"第二支柱"从 20 世纪 90 年代开始逐渐受到重视,发展起来。我国企业年金的发展大致可以归纳为以下四个阶段:

（1）企业年金制度初步探索的发展阶段（1991—1999）

1991 年国务院颁布实施《关于企业职工养老保险制度改革的决定》,支持企业根据自己的情况建立补充养老保险制度开始,国家陆续出台了一些要求建立和发展企业年金的文件和规定。1993 年有《中共中央关于建立社会主义市场经济体制若干问题的决定》的出台,1994 年颁布了《中华人民共和国劳动法》中的部分条例中涉及要建立企业补充养老保险制度,为后期企业年金的推出提供了法律依据。紧接着,1995 年颁布了《关于深化企业职工养老保险制度改革的通知》和《关于印发〈关于建立企业补充养老保险制度的意见〉的通知》,1997 年的《关于建立统一的企业职

❶ https://baijiahao.baidu.com/s?id=1734536813287558315&wfr=spider&for=pc.

工基本养老保险制度的决定》等文件为企业补充养老保险的运行提出了具体规定。但在这一发展时期,国家并没有对企业年金的税收优惠等方面给出具体规定,激励性明显不够,参加企业年金数量有限;而且也没有对企业年金基金的投资渠道和投资方式做出具体的安排,导致基金保值增值能力较弱,对第一支柱的基本养老保险的补充作用发挥不明显。

（2）企业年金制度进行试点的阶段（2000—2003）

2000年12月国务院颁布《完善城镇社会保险体系的试点方案》,该文件中首次将"企业补充养老保险"更名为"企业年金"。2000年的《关于建立企业补充养老保险制度的意见》和2001年劳动和社会保障部发布的《劳动和社会保险事业发展第十个五年计划纲要》的出台,也为进一步推进企业年金的发展起到了重要作用。这一阶段的重要性还在于确定了企业年金的缴费方式以及对企业年金的市场化运营和管理进行了原则性规定;但是遗憾的是对于企业年金基金的市场化投资还没有给出具体的办法和相关的管理细则。通过这些文件可以看到我国企业年金建立和发展的历程,也能够体会出国家补充养老保险的发展思路与世界各国的做法具有一致性,都是希望通过企业补充性养老保险的建立和完善达到弥补社会基本养老保险的不足,在更高层次上实现退休人员的养老保障。但从实际情况看,在这些政策出台后的10多年里,退休人员的养老金仍主要来自政府提供的公共养老保险,企业年金和个人养老年金占的份额仍非常有限。

（3）企业年金制度逐步完善阶段（2004—2015）

2004年《企业年金试行办法》的出台正式确定了我国企业年金发展的基本框架,对企业年金的治理结构、基金管理及投资运营等均做出了相应规定。而1995年劳动部颁发的《关于印发〈关于建立企业补充养老保险制度的意见〉的通知》也正式退出历史舞台。随着2007年我国第一部《社会保险法》的出台,以及2011年对《企业年金基金管理办法》的修订,从法律层面明确了企业年金的基本原则,为我国企业年金的发展提供了基本的法律保障。此后2013颁布的两部法律文件《关于扩大企业年金基金投资范围的通知》和《关于企业年金养老金产品有关问题的通知》,进一步扩大了企业年金的投资范围。根据人力资源和社会保障部网站上企业年金的数据分析可知,从2011年后,企业年金覆盖人群和基金规模的增长速度较快。

（4）企业年金持续扩展阶段（2015至今）

2015年国务院颁布的《国务院办公厅印发机关事业单位职业年金办法》要求为机关事业单位的职工建立职业年金并且规定了职业年金的缴费办法。2016年人社部重新对《企业年金试行办法》进行了修订,起草了《企业年金规定（征求意见稿）》,并且对企业年金的缴费规则重新进行修改,与职业年金的规则趋于一致。并于2016年12月20日通过了《企业年金办法》,并于2018年2月1日起开始施行。我国的企业年金进入到规范发展的阶段。

表3-9　2010年—2020年企业年金发展情况

年份	企业年金基金总量（亿元）	基金占GDP的比重	建立企业年金的企业个数（个）	参加企业年金的职工人数（万人）	参加基本养老保险的职工人数（万人）
2010年	2809.24	0.68%	33210	563.45	19384.30
2011年	3570.00	0.73%	44900	1577.00	21565.00
2012年	4821.04	0.89%	54737	1846.55	22981.00
2013年	6034.71	1.01%	66120	2056.29	24177.30
2014年	7688.75	1.19%	73261	2292.78	25531.00
2015年	9525.51	1.09%	75454	2316.22	26219.20
2016年	11074.62	1.43%	76298	2324.75	27726.30
2017年	12879.67	1.55%	80429	2331.39	29268.00
2018年	14770.38	1.61%	87368	2388.17	30104.00
2019年	17985.33	1.82%	95963	2547.94	31177.00
2020年	22496.83	2.21%	105227	2717.53	32859.00

资料来源:根据国家统计局,中国统计年鉴,中国社会发展报告,汇总得出。

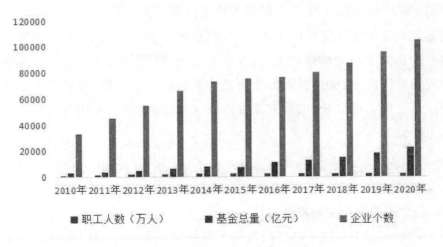

图 3-6 2010-2020 年企业年金发展情况

据统计数据表明,企业年金从建立企业个数、参加职工人数和积累基金总额均处于持续上升状态,企业年金近年来得到了很大程度的发展。从 2000 年到 2021 年,我国企业年金从最初的累积基金额 191 亿元增加到 2021 年末的累积基金额 2809 亿元,增长了 14.7 倍;2000 年建立企业年金的企业数量约为 1.6 万个,2021 年底我国建立年金的企业数量达到 11.75 万家,同比增加 11.7%;2000 年参加企业年金的职工人数只有 560 万人,到 2021 年参加企业年金的职工人数为 2875 万人以上。并且经过 2010 年以来这十多年的发展,我国企业年金已经逐步进入稳定发展期。2020 年末我国企业年金基金积累规模首次突破 2 万亿;在企业年金基金投资管理方面,以固定收益类资产为主,占比达到 80% 以上,投资业绩比较平稳,符合其安全、长期和分散风险的投资理念。

虽然我国的企业年金经过 20 年的发展,已经取得了长足的进步,但是与发达国家的企业年金规模相比,其规模还是比较小,在 2000 年时美国已有 4000 多万企业员工参与了年金计划,基金积累额达到 3850 亿美元;英国的职业年金覆盖率为 64%,累积资产额约达 6000 亿英镑。从我国企业年金覆盖范围来看,截至 2021 年底,日本、丹麦的年金覆盖率几乎达到100%,而我国企业年金覆盖人群仅占基本养老保险人数的4.47%。目前,经济合作与发展组织的34个成员国家的企业年金基金规模占GDP的比重平均为60%以上,而我国的这一指标不到3%。在较为成熟的市场经济国家,60%以上的企业设计了企业年金计划,我们国家远低于这一比例。可以看出,与西方发达国家相比,我国企业年金的差距还是比较大的。

4.2.4 中国个人养老年金发展的可行性分析

1. 个人养老年金的发展条件

中国经济及寿险业良好的发展前景给个人养老年金的发展创造了条件。国家公布的《2021年国民经济和社会发展统计公报》中的数据显示(图3-7),2021年的国内生产总值为1143670亿元人民币,增长率是8.1%,人均GDP达到8.1万元。根据国际经验,人均GDP达到3000美元以上时,保险密度将会明显上升,也就是说,人们将会更多地选择通过商业保险的形式获取风险保障,安排个人的财务计划。个人金融资产中的银行存款比重开始下降,保险将成为人们资产组合中重要的构成部分。随着我国人均GDP的不断上升,社会中现有的中产阶级或准中产阶级中蕴藏了极大的保险需求。为了老年时期能够获得更高水平的生活,这一不断壮大的阶层对商业养老保险的需求正在源源不断地产生。

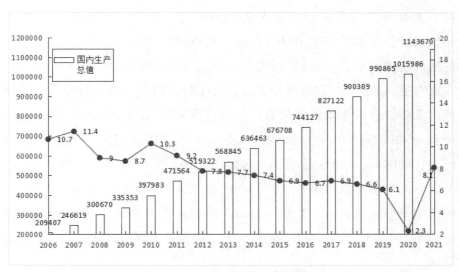

图 3-7　2006—2021 年国内生产总值及增长速度

资料来源:国家统计局。

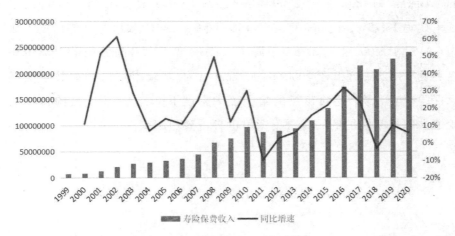

图 3-8　1999—2020 年寿险保费收入及增长速度(单位:百万元)

资料来源:中国保险监督管理委员会。

由图 3-8 可以看出 20 年来我国寿险业的发展态势。我国保险业于 1979 年开始恢复业务,随着中国经济的腾飞、人均收入持续增长、城镇化进程不断加快以及消费结构持续升级而蓬勃发展,保险资源总量迅速增加。人身保险的保费收入分别从 2003 年的 3011 亿元增长至 2018 年的 26260 亿元,年复合增长率为 14.50%,其中 2011 年至 2017 年为寿险行业的连续快速发展阶段,此时保费收入年复合增长率为 19.37%(同期 GDP 同比增速为 8.57%),这段时期增速表现十分亮眼。2018 年行业受监管趋严以及多数公司主动调整产品销售结构的影响,寿险保费收入同比增速降至 -3.42%;受 2018 年行业转型的逐步推动,2019 年上半年行业增速回暖,升至 9.8%。但受到新冠疫情的影响,2020 年保费增长率有所下降,2021 年人寿保险公司保费 33229 亿元,各大保险公司整体表现乏善可陈,同比增长率出现负值。受到各种因素的综合作用,我国寿险业的发展曲曲折折,但总体态势良好,为进一步发展税延型养老保险业务奠定了基础。

我国寿险业在业务规模快速增长的同时,市场结构也在不断优化,具体表现为寿险市场集中度逐渐下降。如图 3-9 所示,2021 年中国人寿的市场份额为 18.66%,比 2000 年的 31.72% 下降了 13.06%;平安寿险的市场占比为 13.75%,比 2000 年的 15.15% 下降了 1.4%;太保寿险的市场占比为 6.31%,比 2000 年的 8.76% 下降了 2.45%,这三家寿险公司的市场份额之和为 38.72%,远低于 2000 年的 55.63%。而其余市场份额被其他更多家保险企业瓜分,寿险市场的集中度大幅度下降,这也说明寿险市场的竞争主体不断增加的同时市场竞争也日益激烈起来。

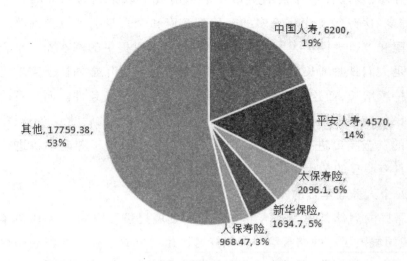

图 3-9　2021 年寿险市场结构图(单位:亿元)

资料来源:智研咨询。

　　但应该注意的是,在我国寿险业高速增长的同时,其市场渗透率仍然很低,寿险密度和寿险深度均远远低于世界平均水平,这也从一个侧面反映出我国寿险业有着巨大的发展空间与发展潜力。

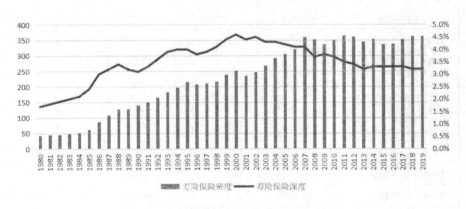

图 3-10　中国寿险保险密度和保险深度

资料来源:国家统计局,中国统计年鉴,汇总得出。

　　另外,我国日益加快的城市化进程削弱了以家庭为基础的养老机制,养老、医疗等支出将更多的转移到政府和个人身上。但受到政府财力有限和人口规模扩大等因素的影响,政府可以提供的基本养老年金很难满足人们日益增长的养老需求,因此补充性养老年金的社会需求将会出现持续增长,而这也为个人养老年金的发展创造了条件。而且目前我国居民的储蓄率居高不下,究其原因主要是为应对日后的养老、医疗等方面的资金支出进行的积累。而个人养老年金对出于养老动机进行的储蓄具有明显的替代作用,其发展潜力巨大。

2. 个人养老年金的发展空间

　　居民的高储蓄率为个人养老年金的发展提供了空间。从1990年以来,我国城镇居民的储蓄额一直保持这快速增长的态势。由表3-10可以看出,我国城镇居民的人均收入、储蓄以及消费均呈现出不同程度的上升。从绝对数额来看,居民人均储蓄额的增长明显快于人均收入和消费额的增长。

表3-10　1990—2021年中国城镇居民人均收入、储蓄和消费状况

年份	人均收入（元）	人均收入增长率%	人均储蓄（元）	人均储蓄增长率%	平均储蓄倾向	人均消费（元）	人均消费增长率%	平均消费倾向
1990	1510	8.5	231	41.7	0.15	1279	4.3	0.85
1991	1701	7.1	247	6.9	0.15	1454	8.2	0.85
1992	2027	9.7	355	43.7	0.18	1672	5.9	0.82
1993	2577	9.5	466	31.3	0.18	2111	8.8	0.82
1994	3496	8.5	645	38.4	0.18	2851	8.1	0.82
1995	4283	4.9	745	15.5	0.17	3538	6.2	0.83
1996	4839	3.8	920	23.5	0.19	3919	1.8	0.81
1997	5160	3.4	974	5.9	0.19	4186	3.6	0.81
1998	5418	5.6	1078	10.7	0.20	4340	4.3	0.80
1999	5839	9.2	1206	11.9	0.21	4633	8.2	0.79

2000	6256	6.3	1229	1.9	0.20	5027	7.6	0.80
2001	6824	8.3	1474	19.9	0.22	5350	5.7	0.78
2002	7652	13.3	1563	6	0.20	6089	14.9	0.80
2003	8406	8.9	1819	16.4	0.22	6587	7.2	0.78
2004	9335	7.5	2055	12.9	0.22	7280	7	0.78
2005	10382	9.5	2314	12.6	0.22	8068	9.1	0.78
2006	11620	10.3	2769	19.7	0.24	8851	8.1	0.76
2007	13603	12	3407	23	0.25	10196	10.2	0.75
2008	15549	8.2	4060	19.2	0.26	11489	6.7	0.74
2009	16901	9.7	4343	7	0.26	12558	10.3	0.74
2010	18779	7.7	4958	14.2	0.26	13821	6.6	0.74
2011	21427	8.4	5873	18.5	0.27	15554	6.8	0.73
2012	24127	9.6	7020	19.5	0.29	17107	7.1	0.71
2013	26467	7	7979	13.7	0.30	18488	5.3	0.70
2014	28844	6.8	8876	11.2	0.31	19968	5.8	0.69
2015	31195	6.6	9803	10.4	0.31	21392	5.5	0.69
2016	33616	5.6	10537	7.5	0.31	23079	5.7	0.69
2017	36396	6.5	11951	13.4	0.33	24445	4.1	0.67
2018	39251	5.6	13139	9.9	0.33	26112	4.6	0.67
2019	42359	5	14296	8.8	0.34	28063	4.6	0.66
2020	43834	1.2	16827	17.7	0.38	27007	−6	0.62
2021	47412	7.1	17105	1.7	0.36	30307	11.1	0.64

资料来源:国家统计局,中国统计年鉴,汇总计算。

上述数据表明,20世纪90年代以来,居民的平均储蓄倾向大于平均消费倾向。很多学者研究发现,居民储蓄的动机主要遗赠动机、预防性动机和为退休后的消费做准备的动机。其中,后两种动机是居民进行储蓄的主要动机。对发达国家的实证研究(Feldstein,1974,1996)表明:政府提供高保障程度的社会保险会降低人们进行上述储蓄的动机;相反,政府提供的保障程度不足则会提高人们的储蓄动机。我国社会保障支出和居民储蓄水平之间的关系也呈现出相同的相关性。

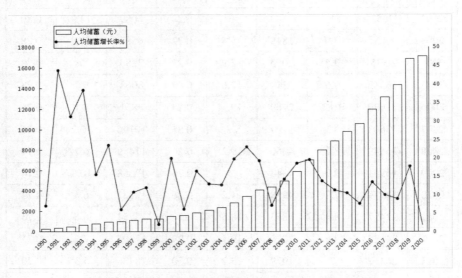

图 3-11　2020 年居民储蓄存款余额及增长比率

资料来源：国家统计局，中国统计年鉴，汇总计算。

通过前文内容可以看到，我国基本养老保障覆盖的范围有限，目前仍有半数以上的居民没有被包括在基本养老保险的范围之内，没有公共养老年金提供的退休收入，因此带来的结果就是消费的降低和储蓄存款余额的居高不下，截至 2021 年底，我国存款总额达到了 227.21 万亿元，如图 4-11 所示。如此高的储蓄存款余额，为个人养老年金的发展提供了充分的后备条件。这笔巨大的储蓄对个人养老保险的价值实现主要依赖于养老保险制度的设计上，如果能够通过合理的方式将本来就有养老动机的居民储蓄引导到对个人养老年金的需求上来，则既可以缓解政府公共养老保险面临的资金困境，也可以促进个人养老年金的发展。世界各国的实践经验表明对个人养老年金实施税收优惠是一个可行的选择。下文中将对我国个人养老年金的税收政策进行分析。

3.3　我国养老年金的税收优惠政策分析

3.3.1　公共养老年金的税收优惠政策

公共养老年金的税收政策可以参见国家税务总局的财税〔2006〕10号文件。该文件中就个人所得税问题做出了明确规定："企事业单位按照国家或者省（自治区、直辖市）人民政府规定的缴费比例或办法实际缴付的基本养老保险费，免征个人所得税；个人按照国家或省（自治区、直辖市）人民政府规定的缴费比例或办法实际缴付的基本养老保险费，允许在个人应纳税所得额中扣除。企事业单位和个人超过规定的比例和标准缴付的基本养老保险费，应将超过部分并入个人当期的工资、薪金收入，计征个人所得税。"下面从公共养老年金的缴费、投资和养老金给付三个环节来看具体的规定：

1. 缴费环节。《中华人民共和国企业所得税法》规定，纳税人按国家有关规定上交的各类保险基金和统筹基金，包括职工养老基金、待业保险基金等，经税务机关审核后，在规定的比例内作费用扣除。《个人所得税法》规定，企业和个人按照省级以上人民政府规定的比例提取并缴付的住房公积金、医疗保险金、基本养老保险金、失业保险金，不计入个人当期的工资、薪金收入，免于征收个人所得税。

2. 积累环节。《中华人民共和国个人所得税法》规定，对个人取得的教育储蓄存款利息所得以及国务院财政部门确定的其他专项储蓄存款或者储蓄性专项基金存款的利息所得，免征个人所得税。在实践中的做法是，基本养老保险基金取得的投资收益完全免税。

3. 养老金给付环节。《中华人民共和国个人所得税法》规定："按照国家统一规定发给干部、职工的安家费、退职费、退休工资、离休工资、离休生活补助费，免纳个人所得税；个人领取原提存的住房公积金、医疗保险金、基本养老保险金时，免予征收个人所得税。"

3.3.2 企业年金的税收优惠政策

为了鼓励企业年金的发展,国务院于2000年发布了《关于印发完善城镇社会养老保障体系试点方案的通知》,该通知中明确规定"有条件的企业可为职工建立企业年金,并实行市场化运营和管理。企业年金实行基金完全积累,采用个人账户方式进行管理,费用由企业和职工个人缴纳,企业缴费在工资总额4%以内的部分,可从成本中列支",即企业为职工所缴纳的养老年金部分可以免缴企业所得税。2009年6月,财政部和国家税务总局发布27号文件《关于补充养老保险费,补充医疗保险费有关企业所得税政策问题的通知》,明确规定了对企业年金中的企业缴费部分实行企业所得税优惠政策,其优惠限额为职工工资总额的5%。2013年12月,财政部发布103号文件《关于企业年金、职业年金个人所得税有关问题的通知》,正式确立了企业年金个人所得税优惠政策,并规定于2014年1月1日起实施。自此,我国终于制定了明确的企业年金税收优惠政策。具体内容包括:

1. 企业年金和职业年金缴费环节

(1)企业和事业单位(以下统称"单位")根据国家有关政策规定的办法和标准,为在本单位任职或者受雇的全体职工缴付的企业年金或职业年金(以下统称"年金")单位缴费部分,在计入个人账户时,个人暂不缴纳个人所得税。

(2)个人根据国家有关政策规定缴付的年金个人缴费部分,在不超过本人缴费工资计税基数的4%标准内的部分,暂从个人当期的应纳税所得额中扣除。

(3)超过本通知第一条第1项和第2项规定的标准缴付的年金单位缴费和个人缴费部分,应并入个人当期的工资、薪金所得,依法计征个人所得税。税款由建立年金的单位代扣代缴,并向主管税务机关申报解缴。

2. 年金基金投资运营收益环节

积累环节。根据《企业年金基金管理试行办法》规定,企业年金由受托人(受托管理企业年金基金的企业年金理事会或符合国家规定的养老金管理公司等法人)受托,受托人委托账户管理人(受托人委托管理企业年金基金账户的专业机构)对企业年金进行管理,受托人委托托管人(一般由商业银行或其他专业机构担任)保管企业年金基金财产。作为企业年金的建立人和委托人,适用于《企业所得税法》和《中华人民共和国企业所得税法实施条例》的相关规定:投资所获得的股息、红利及债券(除国债)利息收入,需缴纳企业所得税。但如属于居民企业的企业连续持有居民企业公开发行并上市流通的股票超过12个月取得的投资收益,免缴企业所得税。

3. 养老金给付环节

职工在达到国家规定的退休年龄时,可以从本人企业年金个人账户中一次或定期领取企业年金。

(1)个人达到国家规定的退休年龄,在本通知实施之后按月领取的年金,全额按照"工资、薪金所得"项目适用的税率,计征个人所得税;在本通知实施之后按年或按季领取的年金,平均分摊计入各月,每月领取额全额按照"工资、薪金所得"项目适用的税率,计征个人所得税。

(2)对单位和个人在本通知实施之前开始缴付年金缴费,个人在本通知实施之后领取年金的,允许其从领取的年金中减除在本通知实施之前缴付的年金单位缴费和个人缴费且已经缴纳个人所得税的部分,就其余额按照本通知第三条第1项的规定征税。在个人分期领取年金的情况下,可按本通知实施之前缴付的年金缴费金额占全部缴费金额的百分比减计当期的应纳税所得额,减计后的余额,按照本通知第三条第1项的规定,计算缴纳个人所得税。

(3)对个人因出境定居而一次性领取的年金个人账户资金,或个人死亡后,其指定的受益人或法定继承人一次性领取的年金个人账户余额,允许领取人将一次性领取的年金个人账户资金或余额按12个月分摊到各月,就其每月分摊额,按照本通知第三条第1项和第2项的规定计算缴纳个人所得税。对个人除上述特殊原因外一次性领取年金个人账户资金或余额的,则不允许采取分摊的方法,而是就其一次性领取的总额,单独作为一个月的工资薪金所得,按照本通知第三条第1项和第2项的规定,计算缴纳个人所得税。

3.3.3 个人养老年金产品的税收规定

规范我国个人养老年金税收政策的主要法律为《中华人民共和国个人所得税法》(2019),以下根据相关法律就养老年金在缴费、投资、领取三个环节的税收政策进行介绍。

1. 个人养老年金的缴费环节

财政部财企〔2003〕61号文件曾明确规定"职工向商业保险公司购买财产保险、人身保险等商业保险,属于个人投资行为,其所需资金一律由职工个人负担,不得由企业报销。"由此可见,个人购买养老年金产品时不享有税收优惠,是从个人的税后收入中列支。这也是我国个人养老年金发展滞后的原因之一。

2. 个人养老年金的积累环节

我国目前养老保险回报率多在保险合同中规定,此部分回报直接归养老保险购买者所有,不需支付个人所得税。

3. 个人养老年金的领取环节

我国的《个人所得税法》第4条规定"保险赔偿"属于免纳个人所得税范围,因此当被保险人达到保险合同规定的个人养老年金领取年龄时,按保险合同规定的领取方式领取保险金时,这部分的收入不需缴纳个人所得税。

按照相关法律的规定,我国个人养老年金采用的依然是TEE模式,但考虑到该模式不能提高人们对个人养老年金的需求,因此我国2018年开始在上海市、福建省和苏州工业园区进行延税型养老保险的试点,采用的是EET模式,即购买个人养老年金的投保人只需要在领取养老金的环节缴纳税费,以期为我国个人养老年金税收优惠寻找合理有效的模式提供经验借鉴。

3.4　我国个人养老年金税收优惠政策的试点情况

3.4.1　个人养老年金税收优惠政策的试点情况

从 2008 年开始,个人养老年金的税收递延已经逐渐被国家的许多相关文件纳入了国家政策,而且首先在天津滨海新区和上海市两个地区进行了一定程度的实践操作。2018 年 5 月 1 日起,以 2008 年天津市和上海市的试点为鉴,同时在上海市、福建省和苏州工业园区三个地区进行新一轮的个人养老年金的税收优惠政策试点。参保人在试点地区购买递延型商业养老保险,可以享受规定的税收优惠待遇。

1. 天津滨海新区递延型个人养老保险税收政策

早在 2007 年中国保险监督管理委员会发布〔2007〕110 号规定,提出"国家将会最先在天津滨海新区开始进行保险业改革的试点"。为了更好地开展递延型个人养老保险业务,落实上述意见,保监会在 2008 年 6 月制定出《天津滨海新区补充养老保险试点实施细则》,并将其公之于众。该细则中有一些个人所得税优惠政策的说明,主要是针对购买递延型个人养老保险的人群,具体规定见表 3-11。

表 3-11　天津滨海新区递延型商业养老保险个人所得税政策

	税收优惠政策
投保人	享受税收优惠的投保人和被保险人须为同一人
免税限额	工资薪金收入 30% 以内的部分
税收优惠依据	取得保险公司出具的首续期发票
税收优惠退出机制	个人申请退保,保险公司应将退保情况报送税务部门,由个人到税务部门自行补税,保险公司收到税务部门的补税凭证之后才可支付退保金。

《天津滨海新区补充养老保险试点实施细则》中规定税收优惠限额为工资薪金收入的30%,由于该优惠比例太高,不尽合理,而且相关部门之间也没能协调好。最终,天津滨海新区递延型商业养老保险个人所得税政策被税务总局"叫停"。

2. 上海市递延型个人养老保险税收政策

2007年的时候上海市老年化人口所占比重就已经比较高了。为了应对和解决上述问题,上海市自2009年便已经开始研究如何开展递延型商业养老保险的试点工作。同年,上海市保监局成立了专项小组,对上海税优养老保险费率改革政策进行了细致的分析研究。上海市递延型商业养老保险关于税收优惠制度的内容见表3-12。

表3-12 上海市递延型商业养老保险个人所得税政策

	税收优惠政策
税收模式	EET模式
免税限额	700元/每月
适用对象	公民有投保意向,可以通过向企业申请,由企业统一购买此类保险产品

3. 上海市、福建省(含厦门市)和苏州工业园区的改革试点新政

(1)试点地区

在天津滨海新区尝试的中止,与上海试点方案的未获批准之后,国家为鼓励个人积极参与个人养老保险,在经过长期的调研、论证后,提出自2018年5月1日起,个人养老保险的税收递延政策开始在上海市、福建省(含厦门市)和苏州工业园区三个地区进行试点。

个人养老保险税收递延政策的试点地区之所以选择上海、福建和苏州工业园区,是充分考虑了这些地区在人口结构、经济发展水平等方面的特点和要求而为的。首先来看上海,上海的人口老龄化程度是比较严重的,2018年60岁以上人口占上海总人口的34.39%,已进入深度人口老龄化阶段,而且上海的金融业比较发达,是我国的金融中心,从全国来

看,经济发展水平比较高,人均收入水平也比较高;其次是福建省,2019年实现地区生产总值达 42395.00 亿元,同比增长 7.6%,高于全国 1.5 个百分点,2019 年福建省居民人均可支配收入为 35616 元,相比 2018 年增长了 2972 元,比全国平均水平高 0.2 个百分点,居民收入水平与消费水平为购买个税递延型养老保险试点提供了经济保障;最后的苏州工业园区,自 1994 年成立以来发展迅速,一些新型工业扎根苏州工业园区,企业员工年龄都比较年轻,2018 年开放创新的苏州工业园区实现公共财政预算收入 350 亿元,社会消费品零售总额 493.7 亿元,城镇居民人均可支配收入超 7.1 万元,企业职工年轻化,经济增长迅速都为个人养老保险的税延试点奠定了基础。

（2）试点新规

这一次关于个人养老保险税收递延的政策规定见表 3-13。

表 3-13　个人养老保险税收递延的政策新规

	税收政策
试点地区	上海市、福建省（含厦门市）和苏州工业园区
适用对象	取得工薪、连续性劳务报酬所得的个人+个税扣缴单位在试点地区内;取得生产经营所得、承包承租经营所得的个体户、个人独资企业投资者、合伙企业自然人合伙人和承包承租经营者+实际经营地位于试点地区内
税收模式	EET 模式
免税限额	个人缴费税前扣除限额按照当月工资薪金、连续性劳务收入的 6% 与 1000 元孰低;当年应税收入的 6% 和 12000 元孰低
领取养老金	其中 25% 部分免税,其余 75% 的部分按照 10% 的比例税率

表3-14　递延型个人养老年金试点地区基本情况

地区	试点情况	地区相关政策
上海市	全国首单于2018年6月7日由太平洋人寿在上海成功签发。截至2018年10月末，上海税延养老保险业务累计承保保单22852件，实现保费收入3403.5万元，全国占比74.1%，累计税前扣除金额为2069.63万元。上海享受税优型养老保险的主要是上海机场（集团）有限公司、上海国际机场股份有限公司、保险公司员工	上海市人民政府办公厅贯彻《国务院办公厅关于加快发展商业养老保险的若干意见》的实施意见。
福建省	福建省有16家商业保险公司取得个人所得税递延型商业养老保险销售资质，53款个人所得税递延型商业养老保险产品通过银保监会备案。截至2019年4月，各商业保险公司累计承保1.19万件，收取保险费1943万元	《福建省实施个人所得税递延型商业养老保险试点工作方案》。
苏州工业园区	苏州有17家商业保险公司具备税延养老保险经营资质，共推出54款专属保险产品。截至2019年2月底，累计实现税延养老保险单2275件，半数以上参保人员年龄集中在31—40岁，累计保费收入614万元，人均保费2699元，件均保费居试点地区前列	转发财政部税务总局人力资源社会保障部中国银行保险监督管理委员会证监会《关于开展个人税收递延型商业养老保险试点的通知》（苏财税〔2018〕14号）。

资料来源：李丽，个税递延型养老保险试点社会调查及政策优化，甘肃金融2020.10。

（3）试点公司和产品

试点期间的产品由保险公司在"收益稳健、长期锁定、终身领取、精算平衡"原则的指导下开发;同时,还发布了商品管理、信息登记平台、相关部门协作、投资基金和税收征管问题的公告等,进一步规范税延型养老产品的运行。一年后,在所有试点地区中,陆续获得经营税延型商业养老保险业务许可的总计有 26 家保险企业。为了保障消费者合法权益,避免权益受到侵犯,银保监会进一步强化对其的监管,要求各险企定期提交税延险业务开展情况报告,由银保监会进行监督与核查。

从试点产品来看,市面上共有 67 款产品,产品规范统一,相对透明,易于客户理解,保险公司能够提供多种产品,组合销售,满足不同类别客户需求。从业务经营来看,税延养老业务在经营资质、业务管理、财务管理、投资管理、风险防控等各方面有严格要求。在收益确定型、收益保底型、收益浮动型三类产品中,我国消费者对养老保险产品的投资更加注重产品的安全性和稳健性,所以具有保底收益的税优产品更容易被大众所接受。

表 3-15　部分递延型个人养老年金保险的类型

保险公司	养老年金保险产品名称	保险期限
中国人寿	国寿个人税收递延型养老年金 A 款、B1 款(2018 版)	终身领取或 15 年、20 年
太平洋保险	太平洋个人税收递延型养老年金(2018 版)	终身领取或 15 年、20 年、25 年
中国太平	个人税收递延型养老年金 A 款、B1 款、B2 款、C 款	终身领取或 15 年、20 年、25 年
中国平安	个人税收递延型养老年金 A 款、B1 款、C 款(2018 版)	终身领取或 15 年、20 年
新华人寿	新华个人税收递延型养老年金保险收益确定型 A 款,收益保底型 B1 款、B2 款	

资料来源:李丽,个税递延型养老保险试点社会调查及政策优化,甘肃金融 2020.10。

（4）试点结果

经过一年的时间,递延型个人养老年金保险试点的情况受到大家的关注。据不完全统计,截至2019年6月末,保费总计收入1.54亿元,总件数4.4475万件,其中A类、B1类、B2类、C类保费总收入分别为0.6亿元、0.7036亿元、0.0649亿元、0.1792亿元。根据地区分布情况,截至2019年6月底,在上海市的试点中,已有17家保险公司销售税延险保单,总计保费收入为1.2亿元,累计销售保单件数为2.92万件。在福建省的试点中,已有25家保险公司销售税延险保单,总计保费收入为0.2507亿元,累计销售保单件数为1.29万件。在苏州工业园区的试点中,已有4家保险公司销售递延型养老保险保单,总计保费收入为0.926万元,累计销售保单件数为0.23万件。在以上试点区域,售出的全部税延养老保险单中,太平洋人寿的保费收入在所有获准经营的险企中最高,为0.6180亿元。在市场份额中,太平洋人寿占比44.68%,平安养老占比15.90%,泰康养老占比12.10%,中国人寿占比10.56%,太平养老占比5.83%,五家大型保险公司占比总共达到90%以上,其中,太平洋人寿就占近一半的市场份额,市场集中度比较高。

表3-16 前五家公司税延养老保险的保费收入与保单件数

	累计保费收入(元)	保费排名	累计保单件数(个)	件数排名	保费市场份额
太平洋保险	74151068	1	17695	1	44.86%
平安保险	26275724	2	11433	2	15.90%
泰康保险	19997692	3	3300	4	12.10%
中国人寿	17459025	4	8042	3	10.56%
太平养老	9642234	5	1244	5	5.83%

数据截止时间为:2019年6月。

之所以会出现这样的市场结构,结合对地区结构及投保人结构的分析,与太平洋人寿和平安养老的总部均设在上海、内部员工数高于其他公司有关,并且太平洋人寿主要依托上海国资委开展业务,市场占有率明显具有优势。在这种市场格局下,其他保险公司开展此项业务的积极性不大,有的公司几近放弃上海市场。

　　从新增保费收入与新增保单件数这两个关键指标2019年的数据来看,个税递延型养老保险业务在整个行业内呈现出下滑趋势。从2019年5月开始,新增保费远高于其他公司并持续领先的太平洋人寿公司出现新增保费大幅下滑,排名第三的泰康养老也出现下滑,导致全行业的税优养老险新增保费呈下滑趋势。而中国人寿、平安养老、泰康人寿、太平洋人寿这四家公司的新增保单件数下降明显。2020年初,我国遭遇突如其来的新冠肺炎疫情,个税递延型养老保险新增保费、新增保单件数走出低谷并实现恢复性增长还需要一段时间。

　　从表3-17看,上海是税延养老保险业务的"主场",累计实现的保费收入占三个试点省市的77.94%,其次是福建(含厦门),再次是苏州园区。

表3-17　三个试点省市税延养老保险的保费收入与保单件数

	累计保费收入 (元)	累计保费占比	累计保单件数 (个)	保单件数占比
三个试点 地区总量	165260311	100%	44740	100%
上海	128799587	77.49%	29359	65.62%
福建(含厦门)	267017702	16.16%	13049	29.19%
苏州工业园区	9759022	5.90%	2332	5.21%

数据截止时间为:2019年6月。

　　表3-18是客户结构与交费方式,某公司购买税延养老保险产品的投保人绝大多数是保险公司内部员工,占比高达76.59%,说明市场上普通消费者对这种产品的购买积极性很低。此外,月交保费是行业主流交费方式,98.24%的保单交费方式都是月交。而相比年交方式,月交的续保更容易中断。

表 3-18　延养老保险业务的客户结构与交费方式

	某公司投保客户占比	保费缴纳方式	缴费方式占比
公司内部员工	76.59%	年交	1.76%
非公司内部员工	23.41%	月交	98.24%

数据截止时间为：2019 年 6 月。

截止到 2021 年 12 月,税延养老保险累计保费为 6.3 亿元,覆盖人群为四万余人。

3.4.2　我国个人养老年金税收优惠政策实施中出现的问题

从我国目前个人养老年金采用递延型税收政策的试点结果来看,并没有达到预期的政策效果。因此需要对各个地区试点过程中出现的现实问题进行深入的挖掘和分析、讨论和研究,合理提取试点方案中存在的关键性问题,进而为全国范围内推广个人养老年金的递延型税收优惠提供思路。

1. 经济社会环境因素

（1）经济环境因素

2018 年 5 月,在我国税延养老保险试点前后,中美出现贸易摩擦,试点地区多为东部沿海地区,受贸易恶化影响较为严重。2020 年初新冠疫情暴发,人们的收入水平、消费水平受到较大影响。从税延养老保险业务开展初期至今,基本以保险公司员工自购为主,而受试点地区员工收入水平的影响,已投保客户续期断缴的情况较为普遍,新增保费、新增保单件数、件均保费和续期率均较低。

（2）社会环境因素

目前,大多数人所熟知并信任的养老模式依旧是基本养老保障和家庭养老,商业养老保险在消费者中尚且没有普及,公众对个税递延商业养老保险更是知之甚少,甚至闻所未闻。有针对上海市普通民众的调查显示,了解税延型养老保险的人数占比仅为 28.6%。在解释了个税递延的含义后,有 41.1% 的人表示愿意购买此类保险(王梦溪等,2020),这说明大众对个税递延养老保险的了解仍然十分有限。即使是保险公司内部员工,对税延型养老险的认知度和接受度也并不高。以福建为例,某寿险公司 2017 年年收入在 12 万元以上的个险外勤共有 2905 人,自试点开展后的 5 个月内,仅 122 名外勤主动购买该公司的税延型养老产品,占比只有 4.2%。

2. 法律因素

现行的税收优惠缺乏具体的法律支持。虽然购买个人养老年金对于保障个人的退休生活确有益处,然而一个公认的事实是,由于我国个人的保险意识不足,短视、非理性行为时有发生。而且鉴于个人养老年金的外部性(指养老保险的私人收益即保险公司或个人所获得的收益,与社会收益即整体社会从养老保险中获得的收益是不一致的),而且是正的外部性(购买个人养老年金的私人收益与社会收益不一致,部分外溢到社会)的存在,导致个人养老年金的需求不足。政府需要通过税收优惠来给予鼓励,拉动需求的增长。而对于个人养老年金潜在的消费者而言,即期的、看得见的利益尤为重要。因此,个人养老年金的缴费环节是否可以得到所得税的减免直接关系到个人养老年金计划中诱导机制的形成,而延税的 EET 模式可以使消费者在领取养老金阶段才缴纳个人所得税的做法无疑给消费者形成心理上的优惠暗示,因此对激励个人参与个人养老年金计划的激励作用明显,能够引致有效购买行为的发生。

但由于我国的个人养老年金递延型税惠属于起步阶段,相较美德两国通过专门立法作为基础,在我国只有《通知》与《暂行办法》,以及一些法律文件中零散的相关规定,还未形成完备的法律体系,缺乏强有力的法律支撑。同时,对于税延型个人养老年金的具体缴费方式、产品管理、投资管理与账户管理等一些关键性问题也缺乏细节上的规定,不够明确。

表3-19　部分递延型个人养老年金保险的相关文件

文件	相关内容
国办发〔2008〕126号《国务院办公厅关于当前金融促进经济发展的若干意见》	鼓励和支持有条件企业通过商业保险建立多层次养老保障计划,研究对养老保险投保人给予延迟纳税等税收优惠
国发〔2009〕19号《国务院关于推进上海加快发展现代服务业和先进制造业建设国际金融中心和国际航运中心的意见》	鼓励个人购买商业养老年金,成立专项小组对上海税优养老保险费率改革政策进行专项研究
国发〔2014〕29号《国务院关于加快发展现代保险服务业的若干意见》	研究和完善加快现代保险服务业发展的支持政策,并适时开展个人税收递延型养老保险试点
国发〔2016〕21号《国务院批转国家发展改革委关于2016年深化经济体制改革重点工作意见的通知》	推进个人税收递延型商业养老保险试点,出台加快发展现代商业养老保险的若干意见
财税〔2018〕22号《关于个人取得有关收入适用个人所得税应税所得项目的公告》	自2018年5月1日起,开始在上海市、福建省和苏州工业园区进行个人税收递延型商业养老保险试点:缴费环节扣除限额按照当月收入的6%和1000元孰低办法确定;在投资收益积累环节,计入账户的投资收益暂不征收个税,在个人退休后领取养老金再征收个税

3. 操作性因素

（1）灵活就业者、自由职业者等人群被排除在税惠政策之外

从理论层面分析,税收优惠作为一种行政受益行为,客观上降低了纳税人的税负,影响了纳税人税收负担与经济能力的比例,因而在税收优惠的安排上应当考虑纳税人的质的税负能力和量的税负能力,质的税负能力强调税收优惠应当尽量实现纳税人人格化,不同年龄阶段、婚姻状况、是否育有子女等因素都将影响纳税人的税负能力,在给予税收优惠时,应当适当向那些税负能力较弱的主体倾斜。而量的税负能力是

指,即使给予税收减免特权,税收负担仍然要在纳税人之间公平的分配,收入高的多课税,收入低的少课税。但在此次试点地区的税惠规定来看,投保人按当月工资薪金、连续性劳务报酬收入的6%,最高扣除额度1000元的范围内享受税前扣除保费的税收优惠,由于税收减免额度与收入水平正相关,且为固定比例,高收入者仍承担较高的税负,低收入者仍承担较低的税负,符合税收负担的比例平等。然而在税收优惠主体范围的规定上,此次试点税收优惠立法却未考虑影响纳税人税负能力的各项因素,而仅对使用税收优惠的主体范围作出规定。按照税延养老险的有关规定,"取得工资薪金所得、连续性劳务报酬所得的个人[必须连续6个月(含)以上供职于同一公司],以及取得个体工商户生产经营所得、对企事业单位的承包承租经营所得的个体工商户业主、个人独资企业投资者、合伙企业合伙人和承包承租经营者"才有资格参保;而且实行的是单位代收代缴的方式(有固定单位的劳动者才适用),无形中将许多未在职的城乡居民、无固定单位的自由职业者与灵活就业者都被排除在外了,因此,试点地区个人养老年金的税收优惠待遇是无法覆盖到这类人群,使得现行的税收优惠政策的适用范围受到了限制,而且有悖税法的平等原则。

(2)低收入人群无法享有税优福利

个人养老年金的递延型税收优惠政策也应该能够让收入低于个税费用扣除标准的人群从中获利。但根据财税〔2018〕22号文件的规定来看,目前的个人养老年金的递延型税惠政策只能对那些收入较高(月收入不少于16667元),需要缴纳个人所得税的人群产生作用。而范堃[1]经过研究发现,新个税政策下消费者要想获得实际税收优惠的月收入比16667元还要高,他们的收入最低必须达到男性17763元,女性17704元。但从目前的情况看,我国大部分劳动者的收入水平相对较低,在个税起征点调至5000元后,低收入人群无需缴税,因此自然无法享受到个税递延带来的利益。这样相对较高的收入要求无疑是将中低收入者排除在

---

[1] 范堃,竺琦,钱林义,等.基于目标替代率的税延型商业养老保险扣除限额优化研究[J].保险研究,2020,2:74-81.

享受税优福利的范围之外。

表3-20　各收入水平下个税递延型养老保险投保人应纳所得税额（元/月）

居民当月收入	当月税前可扣除最高额度	居民当月应纳所得额	居民当月应纳所得税
5000	300	0	0
6000	360	640	19.2
7000	420	1580	47.4
8000	480	2520	75.6
9000	540	3460	136
10000	600	4400	230
11000	660	5340	324
12000	720	6280	418
13000	780	7220	512
14000	840	8160	606
15000	900	9100	700
16000	960	10040	794
16667	1000	10667	856.7

　　另外，按照文件中的规定，个人缴费环节税前扣除限额按照当月收入的6%和1000元孰低的办法确定，实际上是对个人购买养老年金的保费税前扣除数额设置了双重限制：当个人月收入不少于16667元（1000/6%）时，每月最多的税前扣除额为1000元；但如果当月收入低于16667元时，仍然会产生累退效应和"收入的逆向再分配"[1]，导致收入高的个人享受优惠多，收入低的则享受优惠少。导致个人养老年金的递延型税收优惠模式进一步加剧了马太效应，违背了政策制定的初衷。

---

　　[1] 收入的逆向再分配，是在收入再分配过程中，当一个国家或地区的财富由夫人群体流向贫困群体时，这种分配即为正向的再分配，反之，财富由贫穷群体流向富人群体时，则为逆向再分配。

（3）现行的税收优惠政策的优惠力度偏低

依据目前个税递延型商业养老保险试点方案,测算出在不同缴费期限下的个税递延型商业养老保险的养老金替代率,其中 10 年缴费期的养老金替代率为 4.54%,20 年为 8.13%,30 年为 12.59%[1]。从成熟国家养老金替代率的经验数据(英国为 10%,美国为 14%)来看(洪娟,2010),国际上通常认为退休人员享有"第三支柱"商业养老保险的养老金替代率在10%—20% 最为合理。相比之下,我国的个税递延型养老保险的养老金替代率还相对较低,税收优惠力度较小,并且随着缴费期限的增加,养老金替代率增长幅度呈现减小的趋势。按照税延型养老保险的交税方式中规定,投保人在领取养老金时收税,个人领取商业养老金时再征收个人所得税,其中 25% 部分予以免税,其余 75% 部分按照 10% 的比例税率计算缴纳个人所得税,也就是以 7.5% 的比例进行征税,投保人最终会获得 2.5% 的税收优惠。对于低收入人群来说,由于他们前期交纳的保费相对较低,所以到最后真正获得的税收优惠额并不会太多;而对于高收入人群来说,他们最大的缴费额是 1000 元,政策规定的纳税扣除限额较低,如果当月收入大于 16666.67 元时,税优政策的纳税扣除限额就不会再增加了,他们所能得到的这样的税收优惠也是微不足道,所以即使采用税收优惠也不会引起高收入人群投保的积极性。

对投保人来讲,中短期缴费参保退休后的养老金替代率会不断上升,养老保障水平也在不断增加,因此具有一定的吸引力。但是,从长期来看,养老金替代率增长幅度不断减小,随着经济社会的不断发展及养老保障需求的不断增加,长期按照 1000 元的优惠额度施行,优惠力度明显不足,对投保人的激励效果将越来越弱。

（4）相较于普通养老保险,税延养老险的办理流程稍显复杂

从操作层面看,税延型养老险产品的投保手续比普通商业养老保险烦琐。图 3-12 是目前购买税延养老保险产品的流程示意图,投保人除了从保险公司购买保单之外,还需要在银行开立专门账户、注册并登录银

---

❶ 崔军,刘伟华.我国个税递延型商业养老保险试点方案税收优惠测算研究[J].经济研究参考,2018,55:23-33.

保信平台下载"税延养老扣除凭证"、向本单位人力部门提交"税延养老扣除凭证"等[1]。保险公司、银保信平台、税务局之间需要进行信息共享，投保人单位人力部门则负责代扣代缴个税。而一般的养老保险只需投保人提供相关证明材料即可自行办理。从实际运行情况来看，投保人投保体验、人力部门代扣税体验并不太好，加上税优幅度不大，个人主动购买的意愿不高。目前，税延型养老险的投保人很多来自保险公司内部员工，为便于购买，由公司人力部门统一办理投保手续。然而，有时抵税报税流程衔接并不流畅，无形中增加了公司人力部门的工作量，还承担了较多的业务解释义务，进而影响团体投保的积极性。与一般的养老保险的相比，税延养老险的办理流程烦琐，办理时间较长，这也对投保人的知识文化水平提出了一定要求，增加了他们的负担。

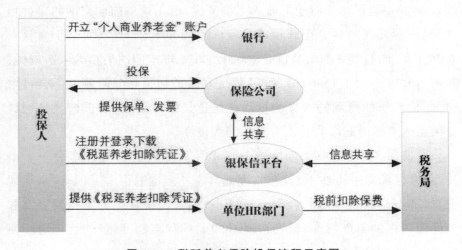

图 3-12　税延养老保险投保流程示意图

（5）对养老金的领取方式规定不够明确具体

就税延养老年金的保险金领取方面的规定来看，个人领取养老金时再征收个人所得税，税款计入"其他所得"项目。可以看出，对于养老金

---

[1] 王雅婷，万里虹，王亚鹏.我国税延养老保险试点效果评析及政策优化建议[J].中国保险，2020.10：12-17

的领取,只简单规定了领取时所需缴税的税率,并没有规定具体的领取方式。比如,投保人按月领取或者按年领取的领取金额怎么计算,保险条款并没有做出明确规定。另外,领取条款没有涵盖特殊领取情况。比如投保人想要提前支取,投保人需要满足的条件有哪些;如果投保人想要延后领取,又能享受到的优惠政策是什么等等。这些情况在一般的商业型养老险中基本都有明确规定,而税延养老险在这方面的规定就稍显不足。

由上述内容可以看我国想要顺利推行个人养老年金的税收优惠,在实际操作过程中,有许多细节还需要厘清和统一,例如具体的投保方式、缴费额度、如何处理投保人退保或提前支取账户资金、账户资金领取时可能会涉及的领取期间死亡等特殊情况。同时,保险公司怎样避免因信息不对成而遭受损失,这些都是保险公司参与推行个人养老年金税收优惠需要考虑的问题。另外,随着社会经济的发展,我国居民收入水平也会有较大幅度的增长,相应的个税起征点也会逐步提高,如果采用缴费阶段免税,给付阶段再根据但是税率补缴的模式,而人们退休后的收入水平一般会低于在职时,适应的税率也会随之下降,因此补缴的税额会减少。这样就意味着,个人养老年金税收优惠对当期政府的个税收入产生影响而依靠远期征税进行弥补的不确定性较大。所以,在税惠政策设计时,应充分考虑我国财政负担能力来确定税收优惠的力度和范围。可见,个人养老年金的税惠政策涉及内容广泛,影响巨大,能否切实推行,关键还在于能否设计出一套可行的具体方案。

从2018年5月开始经过一年后的试点情况来看,这三个试点区域和获准经营税延养老保险业务的保险公司,其发展趋势和政策效果都距离预期结果有较大的差距,保单销售量和保费收入都不尽如人意。但无论如何,一年来的试点确实得到了可观的实践经验及试点数据,为税延型养老年金的后续推广提供了思路。

小　结

由于税收优惠政策的制定也并非单纯的财政政策问题,还需要考虑各经济主体对税收优惠带来的年金价格变动的反应以及这些反应相互间的作用。从各国的经验来看,通常会结合本国的经济发展状况选择税收优惠政策并适时进行调整,以期在鼓励个人养老年金发展的同时,尽量减少对社会经济的其他方面产生的不良影响。本章从现实出发,结合我国经济状况介绍并分析了个人养老年金的发展历程及现状,认为个人养老年金未来的发展空间很大,也符合我国完善养老保险体系的需要。但我们发现在诸多影响个人养老年金发展的因素之中,政府从税收角度所给予的政策支持是不够的。在越来越多的老年人面前,在越来越大的财政压力面前,属于商业保险性质的个人养老年金的发展应该得到更多的关注和更多的支持。我国对个人养老年金实行税收优惠政策,选择有效而合理的税收优惠模式,不仅对完善我国养老保险体系意义重大,对推动整个保险业的发展同样具有重要意义。

第4章 基于可计算一般均衡模型的
个人养老年金税收优惠政策模拟

个人养老年金是我国构建社会养老保障体系的重要组成部分,其发展与伴随的财政政策、金融政策以及税收政策密切相关。税收政策作为影响个人养老年金成本的重要因素,对个人养老年金发展具有"引擎"作用。目前大多数国家都在尝试通过实施税收优惠政策来扩大个人养老年金的比重,但学术界对实行什么模式的税收优惠政策仍有争论。因为税收优惠政策在激发个人积极自保的同时,也会产生税收成本,可能会导致财政收入的严重流失。所以,作为促进个人养老年金跨越式发展的重要前提,寻找适合特定背景下个人养老年金税收优惠政策的最优模式,已成为目前中国迫切需要解决的课题。另外,个人养老年金税收优惠政策的制定并非单纯的财政政策问题,还需要回答诸如税收对经济中的产出、结构等有何影响,这就必须考察各经济主体对保险价格即保费的反应以及这些反应之间的相互作用。这是一个由包括总供给和总需求在内的联立体系构成的分析框架,是一般均衡分析的思路。本章尝试以我国在职人员工资收入为背景,对个人养老年金税收优惠政策进行一般均衡分析,探讨不同税收优惠政策及其程度对消费者购买个人养老年金行为的影响。本章的结构安排如下:首先第一部分就可计算一般均衡模型的原理及运用进行了简单的介绍;在此基础上,第二部分提出一般均衡分析的基本假设;第三部分构建理论模型,结合个人养老年金资金积累的特点,分析封闭环境下个人养老年金购买比率、政府税收及消费者福利的均衡状态;第四部分在理论模型的基础上,介绍基准方案的标定及参数校准,并进行模型情景设计,对模拟结果进行分析。

4.1 可计算一般均衡模型（CGE模型）的理论概述

可计算的一般均衡模型（CGE模型），是目前国际上较为流行的经济学和公共政策定量分析的一种主要工具。其特点在于描述国民经济各个部门，各个核算账户之间的相互关系，并且可以就政策和经济活动对这些关系的影响做描述、模拟和预测，因此，CGE模型在国民经济、贸易、环境、财税政策、公共政策方面的应用非常广泛。

4.1.1 一般均衡理论与CGE模型

顾名思义，可计算一般均衡模型（CGE模型）的理论基础是一般均衡理论。CGE模型就是依据抽象的一般均衡理论构造出一个关于现实经济的实际模型，它属于应用模型的一种。本节就一般均衡理论的基本原理以及CGE模型的构成进行分析。

1. 一般均衡理论

一般均衡理论始于瓦尔拉斯1874年的专著《纯粹经济学要义》，后经过众多经济学家，特别是阿罗和德布鲁的推动和发展，逐渐成为现代经济学的基本理论之一，主要用以研究国民经济系统中市场价格和产量结构的均衡问题。该理论认为国民经济系统是一个整体，所有商品的价格和市场供求的变化是相互影响，相互作用的。一种商品价格的变化，不仅是由自身的供给与需求决定，还会受到来自其他商品价格和供求变动的影响。因此，国民经济运行过程中，由一个市场或一种商品单独的均衡是不存在的，只有国民经济系统中所有市场和所有商品的供求均达到均衡时，才会出现国民经济的均衡，即达到一般均衡的状态。

一般均衡理论将经济系统看作一个整体，并认为各种经济现象均可以用相互影响、相互作用和相互依存的数量关系加以表示，当经济体系中每一种商品的供给和需求相等时，经济系统实现一般均衡。一般均衡模型中的消费者偏好、厂商投入、税率等属于外生变量;商品数量和相对价格属于内生变量,由外生变量引起的经济系统中任何一部分的结构变化都会波及整个系统,导致各种商品和要素价格及数量的普遍变动,使经济系统从一个均衡状态向另一个均衡状态进行过渡。考察在此过程发生的各种商品价格及数量变化,便是一般均衡分析的主要目标。根据一般均衡理论的性质,是无法判断外生变量的变化会对内生变量产生何种影响,导致何种变化,因此需要对抽象的一般均衡模型给出具体数字设定。20世纪60年代计算技术的发展,为一般均衡理论由应用分析进入了实质性计算的发展提供了契机,由此出现了可计算的一般均衡模型。在可计算一般均衡模型中,对经济主体的行为做出了明确的假定,即各经济行为主体在其约束条件下,行为是理性的或优化的。这些优化假定突出强调了商品和要素价格对消费和生产决策的作用。另外,根据问题的不同,还可以在模型中加入同样进行了行为优化假定的政府、进出口商等行为人进行均衡分析。

2. CGE 模型的内涵

CGE 模型一般被描述为对一个经济体进行数字设定的模型,这一经济体通过对商品和要素价格及数量进行调整,从而达到瓦尔拉斯一般均衡理论所描述的供需均衡❶。CGE 模型的基本思想表现为:在资源约束条件下,生产者遵循利润最大化原则进行最优投入决策并确定最优供给量;在预算约束条件下,消费者遵循效用最大化原则进行最优支出决策确定最优需求量;最优供给量与最优需求量相等时决定均衡价格,由此资源可以得到最合理的使用,消费者需求能够得到最大满足,经济也因此达到了稳定的均衡状态。

CGE 模型是描述国民经济系统供求平衡关系的一组方程。这些方程的形式不是任意的,往往是从一些特定的方程中选取得到的。在 CGE 模型中被广泛采用的方程主要有 Cobb-Douglas 函数、常替代弹性函数(CES)以及线性支出系统(LES)等,如表4-1所示。这些方程与实际情况

---

❶ 李洪心.可计算的一般均衡模型——建模与仿真[M].北京:机械工业出版社,2008.

的拟合度较高,并且在其他理论中也经常被用来分析问题,因此在CGE模型中也较多的采用这些方程式。

表4-1 方程式表

方程名称	方程形式
Cobb-Douglas(C-D)	$\prod_i X_i^{a_i} \quad \sum_i a_i = 1$
CES	$\left[\sum_i a_i^{1/\sigma} X_i^{(\sigma-1)/\sigma}\right]^{\sigma/(\sigma-1)} \quad \sum_i a_i^{1/\sigma} = 1$
LES(C-D)	$\prod_i \left(X_i - C_i\right)^{a_i} \quad \sum_i a_i = 1$
LES(CES)*	$\left[\sum_i a_i^{1/\sigma}\left(X_i - C_i\right)_i^{(\sigma-1)/\sigma}\right]^{\sigma/(\sigma-1)} \quad \sum_i a_i^{1/\sigma} = 1$

在CGE模型中可以根据具体问题的不同,引入不同的主体和研究对象。众多的CGE模型间的主要区别就在于根据所选择行为主体活动的不同以及研究对象的不同采用不同的数学描述。CGE模型的主要内容如下:

(1)生产行为方程

模型主要对商品和要素的生产者行为以及优化条件进行描述。生产行为方程由两类方程构成:第一类属描述性方程,描述的是要素投入和产出之间的关系,多采用Cobb-Douglas生产函数、常替代弹性(CES)生产函数等来进行描述。生产函数中的生产要素既可以只包括劳动力和资本两种,也可以采用包括土地、资源等在内的多种生产要素。研究对象的不同,选用的生产函数也不同,以此来突出所要研究的问题。第二类方程是生产者的优化方程,此类方程是用来描述在生产函数的约束下,生产者怎样才能达到成本最小化或利润最大化,这同时也决定了生产者对生产要素的需要量。

（2）消费者行为方程

消费者行为方程主要描述的是消费者在其预算收入的约束下，如何通过合理分配其资源和禀赋进行商品的选择以实现其自身效用最大化。它也由两类方程构成。第一类也是描述性方程，描述的是消费者的预算约束条件，即消费者的可支配收入及收入来源。同生产行为方程一样，消费者行为方程的第二类方程也是优化方程，用来对消费者实现其自身效用最大化的行为进行描述，常用的效用函数有 Cobb-Douglas、Stone-Geary 等。

（3）政府行为方程

CGE 模型中有许多不同的方法来描述政府行为。政府的主要作用是制定各种政策，如税收政策、利率政策、汇率政策、关税政策以及财政补贴政策等，并通过这些政策的执行实现调节社会经济的目的，因此可以将政府政策作为控制变量，纳入模型的方程体系，来研究当政府改变其政策时经济系统做出的反应和变动。

（4）进出口行为方程

考虑到现实经济已经是一个开放的经济，因此在 CGE 模型中，商品进出口也占有重要的地位。当某一经济体的进出口商品总量能够对该商品的世界市场价格产生影响时，该经济体的均衡就不仅仅是其内部的市场均衡问题了，此时要将世界市场的均衡也考虑在内，在有关对外贸易的多国模型中常见对此类情形的描述。

（5）市场均衡方程

CGE 模型的重点就在于对市场均衡的描述。一般来讲，CGE 模型中的均衡包括市场均衡和预算均衡两个方面。市场均衡主要是指产品市场均衡、劳动力市场均衡、资本市场均衡；相应的预算均衡是指政府预算均衡、居民收支均衡和国际收支均衡。

由于 CGE 模型体现的是一个一般均衡的理念，因此模型中包括了各个市场的均衡条件。但是无论是理论上还是实践中都有经济学家发现一般均衡所要求的所有市场和预算的共同均衡是无法同时实现的。那么为了能够得到唯一的均衡解,就必须选择破坏一个模型所假设的均衡条件,即只能实现有条件的均衡。CGE模型对于均衡的处理正体现了这一点,它对各个均衡状态下的差额变量进行了设定,是包括了差额变量在内的一般均衡模型,这使得CGE模型给出的数量结果更具现实意义。

3. CGE模型的应用

CGE模型从系统工程的视角出发,综合全面的探讨劳动力结构、外贸政策、税收政策、政府债务和转移支付的内容及方式变化对政府收入、资本积累、居民消费的影响。CGE模型应用是现代理论经济的一个重要发展,目前,世界各国经济学家已经建立了不同国家和地区的几百个CGE模型。这里以CGE模型在财政税收领域的研究为例进行说明,由于税收政策的变动会直接改变税收负担的分配,并进而影响到价格的变动,而价格变动又会引起经济系统内其他方面的变动。因此,关于税收政策的研究主要关注的是税收对经济中的商品价格、经济结构产生何种影响等更为重要的问题,而这些问题的答案可以通过一般均衡分析得出。另外,由于税率变动在产生积极作用的同时,也必然会带来负面影响,最终结果很难预料,因此在税制改革前需要对改革方案进行数字模拟,可以通过CGE模型来实现这一过程。因此,由CGE模型给出数量结果将具有重要的现实意义。

4.1.2　CGE模型较其他定量研究模型的优势

经济学中的定量研究方法有很多,主要有投入产出模型、线性规划模型、宏观经济计量模型和CGE模型等。这里就CGE模型与其他定量模型在应用上的区别进行分析。

1. CGE模型与其他定量研究方法的比较

(1)CGE模型与投入产出模型的比较

投入产出模型是通过编制投入产出表,运用线性代数工具建立数学模型,从而揭示国民经济各部门、再生产各环节之间的内在联系,并据此进行经济分析、预测和安排预算计划。它以数学形式表达的投入产出表所体现的国民经济各部门生产与分配使用之间的平衡关系,或国民经济各部门生产与各种消耗之间的平衡关系。建立投入产出数学模型后,可以通过电子计算机的运算,揭示国民经济各部门、社会再生产各环节间的内在联系。但投入产出模型并不适合用于研究有众多参与者在独立追求各自福利最大化的前提下,联合起来决定总产出的情况。

而CGE模型恰恰弥补了投入产出模型的这一缺陷。CGE模型中引入各个经济主体的优化行为,并刻画了生产之间的替代关系和需求之间的转换关系,用非线性函数取代传统的投入产出模型中的许多线性函数,使得混合经济条件下,不同产业、不同消费者在不同政策冲击下的行为研究成为可能。

(2)CGE模型与线性规划模型的比较

线性规划模型是运筹学的一个最重要的分支,理论上最完善,实际应用最广泛的一种定量方法。主要用于研究有限资源的最佳分配问题,即如何对有限的资源做出最佳方式地调配和最有利地使用,以便最充分地发挥资源的效能去获取最佳的经济效益。在总体计划中,用线性规划模型解决问题的思路是,在有限的生产资源和市场需求条件约束下,求利润最大的总产量计划。该方法的最大优点是可以处理多品种问题。但是,线性规划要求满足总体的预算约束,不保证个体的预算约束。此外,线性规划模型中没有提供框架来探讨政府的政策工具通过市场机制所起的作用,但这些政策工具变量在混合经济中是影响最终需求的主要因素之一,缺乏这些政策工具变量的分析是不完善的。而CGE模型为我们提供这一框架,在这一框架中,内生的价格和数量变量可以相互作用,每个参与者都要受其预算限制,政府也被包括在内,政策工具作为变量的引入也成为必然,由此克服了线性规划模型的缺陷。

(3)CGE模型与宏观计量经济模型的比较

宏观计量经济模型是指在宏观总量水平上把握和反映经济运动的较全面的动态特征,研究宏观经济主要指标间的相互依存关系,描述国民经济各部门和社会再生产过程各环节之间的联系,并可用于宏观经济结构分析、政策模拟、决策研究以及发展预测等功能的计量经济模型。宏观计量经济模型在从事年度预测以及短期和中期政策分析上的应用效果较好,其缺陷在于难以模拟政策调整、分配效应以及外部冲击等产生的长期影响。而 CGE 模型在研究收入分配、资源配置和政策措施变化所导致的效果等方面具有一定的优越性,它可以度量福利变化的程度,但同时留下了一个不可改变的市场均衡。

由上述比较可以看出,CGE 模型在一般均衡理论的框架之下,明确而具体的定义了经济主体的生产函数与需求函数,因而它能够反映出不同部门之间和不同市场之间的相互依赖与作用关系,它所能揭示的经济联系比局部均衡或宏观计量经济模型更为广泛。

2. CGE 模型在养老保险政策效应分析中的应用

养老保险税收政策的变动会直接改变税收负担的分配,进而影响到消费者的财富跨期分配计划。通过消费者财富分配计划的变动,养老保险税收政策变动的冲击被传递到整个经济领域。由于税收政策效果研究绝非只是简单地回答税负在纳税者之间的分配问题,而是要回答诸如税收对经济中的价格、结构有何影响等重要的问题,因此,要想弄清楚养老保险税收政策变动所产生的影响,就必须考察各经济主体对年金保险价格的反应以及这些反应相互间的作用。这意味着必须有一个由联立体系构成的,包括总供给和总需求的分析框架。显然,这是一个进行一般均衡分析的思路。可计算一般均衡模型(Computable General Equilibrium Model,CGE)的出现使这一问题变得简单。

基于生命周期理论的 CGE 模型由美国学者 Auerbach 和 Kotlikoff 于 1987 年提出;1989 年,他们用此模型对国际经合组织 4 个成员国的人口老龄化与社会保险体系进行了带有储蓄行为的生命周期分析;1998 年,加拿大渥太华大学的 Marcel Merette 与 Ketil Hviding 合作,利用可计算的一般均衡模型分析了国际经合组织 7 个成员国(包括加拿大)的人口老龄化与养老保险系统改革的问题;2000 年,Marcel Merette 与加拿大国家人力资源与开发部的 Maxime Fougere 合作,采用可计算一般均衡模型整合了跨际迭代模型(Overlapping Generations,OLG),研究了加拿大劳动力资源结构变化的趋势,以及加拿大与其魁北克省的养老金改革计划(CPP/QPP)、退休储蓄计划(RRSPs)和注册养老年金计划(RPPs)的实施对国民经济和居民消费的影响;2003 年,Merette 又与法国的 Jean Mercenier 合作,用可计算的一般均衡模型探讨了加拿大国家不同区域的人口老龄化和经济发展的关系,以及跨地区经济合作、贸易往来与可持续发展问题。

传统的 CGE 模型一般为静态模型,只考察单个时期的经济情况。在一些情况下,为讨论特定问题,如财政政策、人口变化等跨时期的社会和经济效应时,特别是研究由于年龄结构变化引起的养老保险制度改革和对社会经济影响等发展问题时,必须在静态均衡模型中引入时间因素,向动态均衡模型转变,以保持每个时间段的一般均衡。可以说,动态均衡 CGE 的产生是静态 CGE 的一大进步,能将研究的视野拉得更长,因而也就更加符合实际。当然,动态均衡模型的求解也更加困难和复杂。不过,美国 GAMS 公司近年来开发的通用数学建模软件(General Algebraic Modeling System,GAMS)为这种多变量、非线性、动态的 CGE 模型求解提供了强有力的计算机仿真支持,体现了现代计算机仿真技术在经济政策模拟方面的优势(Brook,Kendrick,Meeraus 和 Raman,1998)。目前,CGE 模型的研究对象遍及宏观、微观;国内、国际;市场、政府等多个领域。它的应用是现代经济理论的一个重要发展。目前,世界各国经济学家已经建立了不同国家和地区的几百个 CGE 模型。

就我国在此领域的研究而言,近年来也有学者通过借鉴国外研究方法,或者与国外学者合作,开始采用 CGE 模型来研究老龄化对经济的影响,尤其是在研究我国的养老保险体系存在的问题及对策上取得了很有价值的研究成果(柏杰,1998;王燕,2001;Hongxin Li,2004;Hongxin Li 和 Marcel Merette,2005;李洪心,2004、2005)。代际交叠模型(OLG)近年来也被国内学者广泛应用于有关养老保险体制改革的研究,从不同角度用数学方法推导出结论(柏杰,2000;袁志刚、宁铮,2000;何新华,2001)。不足之处在于没有采用计算机仿真计算,从而使模型缺乏数据支持,尚存在局限性。

本章将在前人研究的基础上，构建商业年金税收优惠的可计算一般均衡模型，并利用GAMS软件对该模型求解和进行政策仿真模拟，希望能够对养老年金的政策实践提供参考。

4.2 税收优惠政策的CGE模型结构设定

如前文所述，若将个人养老年金涉及税收的环节划分为缴费、基金积累和养老金领取三段，并用E表示免税（Exempt）（e表示部分免税）、T表示征税（Tax）（t表示部分征税），则国际上通行的个人养老年金税收优惠政策有直接减免（tEE）和个税递延（eET）两种模式。目前大多数国家都在尝试通过实施税收优惠政策来扩大个人养老年金的比重，但学术界对税收优惠政策应该选择什么模式仍存在争议。在实践中，很多国家和地区也在不断地探索个人养老年金税收优惠的最佳模式。20世纪90年代开始，人口老龄化趋势日趋严重，许多国家从原来的TEE模式开始向tEE或eET模式转轨。我国个人养老年金目前实行的是TEE模式，即缴费阶段征税，基金积累与养老金领取阶段不征税。这显然不利于我国个人养老年金业务的开展。作为推动商业养老保险回归补充养老保险体系的先行试点，上海拟实行的是eET模式的税收优惠政策。这种模式是否有利，国内外学者仍有争论（Surrey，1973；Gaminada 和 Goudsward，2008）。因为税收优惠政策在激发个人积极自保的同时，也会产生税收成本，可能会导致财政收入的严重流失。所以，作为促进个人养老年金跨越式发展的重要前提，寻找适合特定背景下个人养老年金税收优惠政策的最优模式，已成为目前中国迫切需要解决的课题。下文中我们结合个人养老年金资金积累的特点，分析封闭环境下个人养老年金购买比率、政府税收及消费者福利的均衡状态，并进行模型情景设计和结果分析。

4.2.1　个人养老年金税收优惠CGE模型的基本假设

国内外对养老保险的研究多集中的公共养老方面。李洪心(2008)的研究将反映人口老龄化的跨期迭代(OLG)模型同CGE模型整合,利用CGE模型的特点成功解释了中国公共养老保险体制改革的影响和效果问题。而Creedy和Guest(2008)在借鉴前人的基础上利用收支平衡机制,将养老保险税务政策的研究延伸到了私人养老保险领域。Creedy和Guest(2008)的这一处理方式给了本书很大的启发。与Creedy和Guest(2008)模型类似,本书在消费者效用函数中按收支平衡原理建立养老保险保费与养老保险的跨期平衡。消费者未来的消费决策是在考虑利率和当期消费以及收入等情况后做出的。值得注意的是,在利率不变的情况下,同一时期不同年龄消费者的决策可能恰好与同一消费者不同时期的消费相契合。换言之,同一时期不同年龄消费者的消费,在一定意义上是单个消费者终生消费的镜像反映。

本书借鉴了李洪心(2008)及Creedy和Guest(2008)模型的部分核心假设和研究框架,但在充分考虑中国个人养老年金本质特征及中国实际情况的基础上,对这些假设进行了重要修正,以改进已有模型可能存在的问题。同时,为了进一步体现新模型在理论上的合理性,我们也引入了一些新的假设。在Creedy和Guest的模型中,消费者在整个生命周期都在缴纳养老保险保费,而在退休时一次性领取养老金,而这显然与我国个人养老年金的缴费和发放方式不符。在缴费方式上,我国个人养老年金的保费虽然既可以期缴也可以趸缴,但肯定会在退休之前缴完;在养老金领取上,可按个人需要从退休时(或自约定时间起)按年领取或分月领取,较少有一次性领取的情况。因此,在本书的模型中,我们按我国个人养老年金的缴费和领取方式,抽象掉保险公司在养老保险运营环节收取的服务费用,假设经济体系中消费者工作阶段缴纳的保费积累至退休后扣除投资收益后分期等额返还给被保险人,直至被保险人生命终止。此外,在李洪心的模型中,虽然考察了多种养老保险改革的方案,但没有一项是涉及养老保险税制的。为解决这一问题,本书参考 Creedy 和 Guest 在消费者效用函数预算约束中引入税收支出的做法,在模型中分块引入不同税收部分。同时,作为对模型在理论完整性方面的一个补充,本书模型增加了对政府公共服务及其相关的必要假设,这一假设为后文在讨论税制变化对消费者效用、政府服务等方面的影响提供了重要便利,同时也加深了我们对税收政策影响的理解。

4.2.2 个人养老年金税收优惠的 CGE 模型构建

1. 消费者需求模块

本书假设购买个人养老年金消费者的生命周期(或称"预期寿命")都是为 h 期。其中,前 n 期为工作期,后 $h-n$ 期为养老期[1],不考虑生命的不确定性。代表性消费者在工作期工作、消费和储蓄和交纳保费购买养老保险,在养老期则依靠以前的储蓄和领取养老金来维持消费。换言之,消费者是将其工资收入在整个生命周期中进行再分配,以实现终身效用的最大化。据此,我们将代表性消费者的终身效用函数 U 表示为:

$$
\begin{aligned}
U &= (1-\mu)v(C_t) + \mu \cdot v(C_G) \\
&= (1-\mu)\sum_{t=1}^{h} \frac{C_t^{1-\beta}}{1-\beta}(1+\rho)^{-t} + \mu \cdot v(C_G)
\end{aligned}
\tag{4-1}
$$

由式(4-1)可知,代表性消费者的终身消费主要由私人商品消费 C_t 和公共物品消费 C_G 两部分组成。μ 表示公共物品消费带来的效用在个人总效用中的权重;相应的,P_t 则为私人消费的效用权重。下标 t 表示在代表性消费者生命周期中第 t 期的经济变量,其中,C_t 表示消费者在生命周期中第 t 期的消费情况。ρ 为代表性消费者的时间偏好,β 是边际效用弹性系数。当私人商品消费的单位价格标准化为 1 时,经过计算,可得到如下表示相邻两期消费关系的欧拉方程:

---

[1] 考虑消费者在参加工作前主要依赖父母养育,没有购买养老保险的收入,所以在本书中被忽略。

$$C_{t+1} = \left\{ \left[\left(1 + r_{t+1}\right)\left(1 - \tau\right) \right] \Big/ \left(1 + \rho\right) \right\}^{1/\beta} C_t \qquad (4\text{-}2)$$

式(4-2)说明消费者在 $t + 1$ 期的消费决策 C_{t+1} 是在综合考虑自身行为偏好、同期利率 r_{t+1} 和相应利息成本(利息税税率) τ^r 等因素后,基于上一期(第 t 期)的消费做出的。为实现式(4-1)的最大化,消费者需在第 t 期满足如下预算约束:

$$DI_t = w_t\left(1 - \tau_t^w - x\right) \cdot 1_{\{t \leqslant n\}} + r_t\left(1 - \tau^r\right)AS_t + \left(1 - 1_{\{t \leqslant n\}}\right)P_t \geqslant 0$$

$$(4\text{-}3)$$

$$S_t = DI_t - C_t\left(1 + \tau^c\right) \qquad (4\text{-}4)$$

$$AS_t = \begin{cases} 0 & (t = 1) \\ AS_{t-1} + S_{t-1} & (1 < t < h) \\ -S_t & (t = h) \end{cases} \qquad (4\text{-}5)$$

在(4-3)中,w_t 表示代表性消费者在 t 期的工资水平,它随着年龄和工龄的增长而变化;χ 为个人养老年金购买比率,即代表性消费者用于购买个人养老年金的税前工资比例,其高低直接决定了可领取的养老金水平 P_t,也在一定程度上反映了消费者购买个人养老年金的意愿;AS_t 为当期物质财富水平,具体积累过程如后面(4-4)式和(4-5)式表示;税制均为比例税,τ^w 表示工资税率,τ^r 表示利息税率,τ^c 表示消费税率;$1_{\{t \leqslant n\}}$ 为示性函数,我们用其来控制工资领取和养老保险发放的状态:当 $t \leqslant n$ 时,消费者处于工作期,$1_{\{t \leqslant n\}} = 1$ 表示有工资收入但无养老金;当 $n < t \leqslant h$ 时,消费者处于养老期,$1_{\{t \leqslant n\}} = 0$ 表示没有工资但可领取等额养老金 P_t。另外,考虑到我国目前实施的是 TEE 的税收政策,即对养老保险金不收税,所以(4-3)式中没有相应的表现。

式(4-4)是储蓄方程,表示储蓄(S_t)是可支配收入扣除消费支出及相应的消费税($C_t\tau^c$)后的结果。结合现实情况,由于人们在年轻阶段一般存在消费大于收入的现象,在本书中我们允许消费者在开始阶段有适当的透支消费,这也是消费者跨期平滑消费的习惯做法。式(4-5)表明了消费者物质财富的积累过程。本书假设消费者在进入时($t = 1$)的财富为 0;随着年龄的增加,消费者在 $t+1$ 期的物质财富总量是 t 期财富和储蓄之和。

如前所述,消费者于工作期每期的期初支出 χw,用于购买个人养老年金。保险公司将这笔资金记入相应的资金账户,通过资本投资运作以保证该资金的保值增值。按照保险合同约定,消费者在第 $n=1$ 期起停止交纳保费,并开始领取等额养老金 P_t,直至寿命终止。个人养老年金账户资金累积和等额分摊原理具体表示如下:

$$B_t = \begin{cases} \chi w_t & (t=1) \\ \chi \sum_{i=1}^{t} w_i \prod_{j=1}^{i} \left(1 + r_j^e\right) & (1 < t \le n) \end{cases} \tag{4-6}$$

$$\sum_{t=n+1}^{h} P_t \prod_{i=1}^{h-(n+1)} \left(1 + r_{n+i}\right)^{-1} = B_n \left(1 + r_n^e\right) \tag{4-7}$$

其中,r_t^e 为资金的投资收益。r_t^e 越高,说明保险资金累积的资金越多,消费者退休后可领取养老金的基数越大。同样,如前所述,由于我国目前对个人养老年金采取的是 TEE 的税收政策,养老金投资收益尚未列入计税范围,

2. 政府模块

政府根据征得的税收总量 T_t 安排公共支出,主要用于公共设施建设,以提供公共商品 C_G,以更好地实现代内财富平均分配。因此,政府面临的预算约束为:

$$C_G = \sum_{t=1}^{h} \left(\prod_{i=1}^{i} \left(1 + r_i\right) \right) \tag{4-8}$$

其中,T_t 是政府在消费者生命的第 t 期所征得的税收,包括工资税、利息税、消费税及与养老保险相关的税收等。根据式(4-3)和式(4-6)可知,就单个消费者而言,政府在第 t 期可征得税收量如下:

$$T_t = \tau^w w_t + \tau^r r_t A S_t + \tau^c C_t \tag{4-9}$$

3. **生产模块**

资本和劳动力是社会任何生产顺利进行的最基本的生产要素。假设社会仅有一家厂商,该厂商仅生产一种产品,其生产函数满足 Cobb-Douglas 生产函数形式。该厂商在 t 阶段的产出 Y_t 为:

$$Y_t = AK_t^a L_t^{1-a} \tag{4-10}$$

此处 A 为生产效率；a 代表资本的产出弹性。下标 t 表示第 t 期的经济变量，Y_t 表示社会的总产出，K_t 是社会的总资本量，L_t 表示社会总的劳动投入量，它是各年龄段劳动力 $L_{t_i}(i = 1, \cdots, n)$ 加权后的总和。模型中我们需要考虑工资收入存在差异的情况，而现实中导致工资差异的因素有很多，例如人力资本差异、年龄差异等。为了便于分析，这里假设工资差异主要是由于劳动者的不同年龄引起的，而技术进步对不同年龄组劳动力的作用被看作是相同。将各个年龄组劳动力效能单位统一后的社会总劳动用式子 $L_t = \sum_{i=1}^{n} \theta_i L_{t_i}$ 来加以表示。θ_i 为不同年龄组可提供的相对劳动力系数。随着 i 的增大，θ_i 也相应增大，这与前面提及的消费者工资会随着年龄的增加而增加的假设相吻合。为便于分析，进一步假设 $\sum_{i=1}^{n} \theta_i / n - 1, (i = 1, \cdots, n)$。

现在考虑厂商的选择。在给定的工资率和利率价格条件下，厂商在追求利润最大化的目标下，会要求资本的边际收益率等于利率，劳动的边际收益等于工资。这意味着：决定物质资本和人力资本的需求，追求最大利润。在假定交易资本和调节雇佣数量无任何成本的前提下，我们可得到：

资本的利率 r_t：

$$r_t = \partial Y_t / \partial K_t = aAK_t^{a-1} L_t^{1-a} \tag{4-11}$$

平均劳动工资 $\overline{w_t}$：

$$\overline{w_t} = (1 - a) A \left(K_t / L_t \right)^a \tag{4-12}$$

消费者在第 t 期的工资 w_t：

$$w_t = \theta_i \times \overline{w_t} (i = 1, \cdots, n) \tag{4-13}$$

4. 系统约束模块

本经济系统是完全竞争的，其均衡是商品和要素价格及数量的集合，且所有的需求均等于供给，厂商的利润为零。同时，由于同质消费者的假定，我们可将同一时期不同年龄消费者的行为看成是同一消费者在

不同时期中行为的镜像形式。据此,可得到系统内的几个主要宏观约束恒等式如下:

(1)商品闭合

模型假设没有对外贸易。最终产出等于同期的所有消费加上储蓄和税收。

(2)要素账户闭合

资本等于同一时期不同年龄消费者的储蓄之和,有效劳动力为同期不同年龄消费者提供的劳动力之和。

(3)政府账户闭合

政府支出和转移支付与税收收入对等,随收入变化而增加或减少。

(4)养老年金账户闭合。

消费者领取的个人养老年金等于自己所交纳的保费及其投资收益交税后的剩余。

在基期情景均衡中,这几个宏观约束关系都是成立的。通过对 CGE 模型宏观约束的不同行为假设,形成平衡机制。使得当外生冲击破坏基准情景中的宏观约束关系时,各变量之间的关系能自行恢复。

4.3 CGE 模型的模拟情景设计及模拟结果分析

税收优惠政策通过对个人养老年金现金流的影响对代表性消费者和社会福利产生作用,不同税收优惠政策的影响不相同,且难以从一个有限生命的个体消费者直观看出来,需要进行仿真模拟分析。以下我们将考察不同的税收优惠政策下个人养老年金的现金流变动情况以及社会福利的相应变化。

4.3.1　基准情景中的标定参数及情景设计

1. 基准情景中的标定参数设计

这里首先对前文中提到的效用函数和生产函数中的相关参数进行设定。对于本书构建的多期世代交替模型,可以遵循已有研究的做法,假设新生劳动力的年龄为 15 岁,每期时间跨度为 5 年,第 9 期期末(60岁)退休,第 13 期期末(79 岁)寿命终止。大多数的相关研究均将每一年的主观贴现率估计为 0.99,那么本模型的主观贴现因子应该为 0.9515;边际效用弹性取自 Auerbach 和 Kotlikoff(1987)的实验值。我国的资本产出弹性,很多学者都进行过估算,本书中综合考虑了其他文献的取值情况,设定为 $a = 0.5$。在公共物品消费的效用权重 μ 的设定上,我们参照各年我国财政收入占 GDP 的比重,我们设定 $\mu = 0.2$。

在平均工资的设定上,我们使用假定我国劳动者年均工资为19109.56 元人民币,所以 $\overline{w_t} = 12.32$。在差异的设定方面,一般都将劳动者按年龄分为了九大类,据此本书对模型中收入差异度 θ 的取值也采用了较简单的处理方法。我们设定中间的变量为平均水平,在此基础上得出:

$$\theta = \left(\theta_1,\ \theta_2,\ \theta_3,\ \theta_4,\ \theta_5,\ \theta_6,\ \theta_7,\ \theta_8,\ \theta_9,\right) =$$

$$\left(2/5, 3/5, 17/20, 19/20,\ 1, 6/5, 23/20, 7/5, 29/20\right)$$

进而可得出对应的消费者在各年龄段的工资水平。

在利率和保险金投资收益取值方面,为便于计算,我们假定各期利率及投资收益相同,即 $r_t = r, r_t^e = r^e$。同时,因本书假定每期的时间跨度为 5 年,所以每期的利率水平和保险金投资收益大小也应是 5 年的累积值。按 2.5% 的一年期存款利率,我们复利计算得出利率 $r = (1 + 2.5\%)^5 - 1 = 13\%$。按保险企业 5% 的保险资金年收益率,计算得到保险金投资收益率 $r^e = (1 + 5\%)^5 - 1 = 28\%$。

在税收政策的方面,我国属于累进税制国家,个人按规定缴纳收入5%—32% 的个人所得税。在此,本书假定初始均衡个人所得税税率为

15%。另外除极特殊商品明码标税以外,我国的消费税均隐含在所购商品中。虽然增值税和特种消费税看起来很高,但平均消费税低于消费商品价值的5%。假定对个人所征利息税,税率为20%。对于个人养老年金,我国目前采用的是TEE的税收模式。表4-2列出了标定基准情景中的主要假设。

表4-2 标定基准情况的主要假设

生产		
a	资本产出弹性	0.5
A	技术进步	1
r	利率	13%
消费		
ρ	消费者的时间偏好率	0.05
$1/\beta$	边际效率弹性	1.25
μ	权重	0.2
税率		
τ^w	个人所得税平均税率	15%
τ^r	利息税率	20%
τ^c	消费税率	5%

2. 模拟设计

模拟1:当前税收政策下的有限调整(tEE)(t表示部分征税)

由于中国目前的个人养老保险需求不旺,那么能否在不对现行税收政策作根本改变的前提下,仅通过适当给予退税优惠来解决这一问题?第一套政策模拟主要考察现有税收政策下实施一定退税优惠的效果或影响。考虑到在当前税收政策下,仅在保费缴纳时涉及税收问题。如果现在直接给予购买个人养老保险的消费者税收优惠,消费者是否会。事实上,即使给予了退税优惠,增加的可支配收入也未必会用于购买更多的养老年金。而且,我们并不能保证消费者都是真心真意的来购买养老年金的,可能有些消费者只是想通过这种政策来套税,并不会将资金真正的留至其退休后取出。这无疑与政府让出一部分税收收入来鼓励个人养老保险发展的初衷是相违背的。换言之,直接给予个人养老保险购买者退税优惠在现行税收政策下可能不可行。所以,本研究仅模拟现有税收政策下按比例退税至养老基金积累账户的情景(tEE)。试验 1.1 假设按比例给予退税优惠;试验 1.2 假设按金额给予退税优惠。

如果以上模拟说明有限调整都不能明显改善目前个人养老年金的购买情况,那么采取递延型税制能否有助于激励我国的个人养老年金市场发展呢? 由此引出了两个紧密相关的问题:第一,淘汰现行税制的成本有多大? 从政府的角度出发,最为合适的递延税率是多少? 第二,所建议的新税收政策在效果上是否优于当前政策? 本研究遂进行第二套模拟来回答以上两个问题。

模拟 2:递延型税收政策的成本与效果(eEt)(e 表示部分免税)

第二套模拟,是假设对个人养老年金部分相应的税收延迟到未来消费者退休领取养老金时再收取,以缓解消费者工作期的资金压力。在此模拟中,现有收入税的税率不变,但会给予消费者适当的退税或免税优惠,并假设养老年金领取时需交纳所得税,税率为 10%。换言之,政府将消费者当前应交的税延迟到以后。通过这种方式,个人养老保险的需求情况将发生变化。模拟试验 2.1—2.4 分别对直接退还税款和将税款退至养老年金账户两种递延型税收政策,按相对优惠比例和绝对优惠额度来进行模拟。

4.3.2　仿真模拟结果

模型利用 GAMS(General Algebraic Modeling System)软件求解,将模型定义为 NLP(Non-Lined Problem),使用 GAMS 软件中的 MINOS 求解器求解。

1. 基准情景的结果分析

基准情景的模拟结果由图 4-1 给出。它展示了一个代表性消费者在当前税收政策背景下购买个人养老年金及消费安排的总体情况。基于对未来的一些基本假设,该基准情景结果提供了与后文各模拟情景相比较的基础。模拟结果表明,随着消费者年龄的增长,工资收入增加,其个人财富也在不断增多。消费者的储蓄在起初逐步增多,但由于退休后工资收入的停止以及消费的日益增大,在第10期末积累的存款将变为负数,个人财富相应开始逐步减少。很显然,不断缩减的个人财富对消费者退休后的消费造成了很大的不便,也将给其终身效用带来负面影响。在基准情景参数环境下,消费者终身效用为312个效用单位,其一生所缴纳税款的贴现值为 58.35×1.010188≈58.93 万元。此时,消费者选择按照税后工资的 0.2% 来购买个人养老年金为最佳。显然,这一支出比例是很低的,较低的个人养老年金购买比例将严重抑制消费者的效用增加,也会给国家公共养老系统带来更沉重的压力。

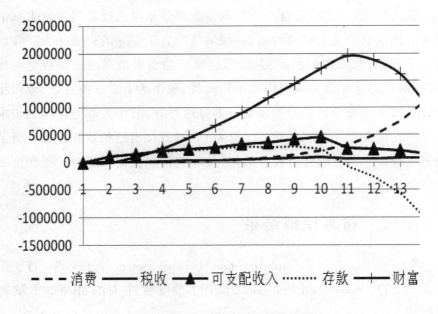

图4-1 基准情景下的模拟结果

2. 不同税收政策的影响分析

（1）对个人养老年金需求的激励

图 4-2 和表 4-3 给出了其他三种税收政策（tEE、eET_1、eET_2）对个人养老保险购买比例的影响。

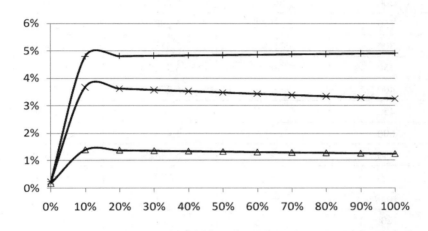

图 4-2　比例退税时税后工资购买个人养老保险的比例

从结果可以看出，无论用哪一种税收政策都会促进个人养老保险购买率的增加，因为缴费阶段税收负担的减轻增加了消费者的可支配收入。但不同税收政策及退税程度的影响大小不同。如图 4-2 所示，在按比例退税时，实行直接退税的递延税制，即 eET_2 税收政策对个人养老保险的购买激励是最大的，最高可促使消费者拿出高于基准情景 4.7439% 的比例来购买个人养老保险，实行间接退税的递延税制即 eET_1 税收政策的效果次之，当前政策条件下实行 tEE 的影响最小。

表 4-3　不同退税额对个人养老保险购买比例的激励

退税额（元/期）	tEE^*	eET_1^{**}	eET_2^{***}
50	3.5988%	5.1701%	0.2410%

退税额 （元/期）	tEE^*	eET_1^{**}	eET_2^{***}
100	3.6213%	5.1996%	0.2410%
150	3.6439%	5.2292%	0.2410%
200	3.6665%	5.2588%	0.2410%
250	3.6892%	5.2885%	0.2410%
300	3.7119%	5.3182%	0.2409%
350	3.7346%	5.3480%	0.2409%
400	—	5.3778%	0.2409%
450	—	5.4077%	0.2409%
600	—	5.4977%	0.2409%
750	—	5.5882%	0.2408%
900	—	5.6791%	0.2408%
1050	—	—	0.2407%
1200	—	—	0.2407%
1350	—	—	0.2406%

如果是按绝对金额给予退税优惠，则实行 eET_1 税收政策的激励作用最为突出（见表4-3）。当然，这种退税优惠并不是无限额度的，各种税收政策每期退税额度的上限应不超过按比例100%优惠的税款均值。即就税收政策 eET_1 和 eET_2 而言，其每期退税优惠最大额度应不超过完全抵扣缴费阶段养老年金购买比例相对应的税款金额，而税收政策 eET_2 时每期的退税额度不能超出无任何税收政策（EET）时相应的税收大小。

（2）对政府税收的影响

我们模拟了各种税收政策对政府税收的影响。图4-3和图4-4给出了 tEE、eET_1 和 eET_2 的结果，即按比例给予退税优惠时的政府税收现值及相对于基准情景的差异。

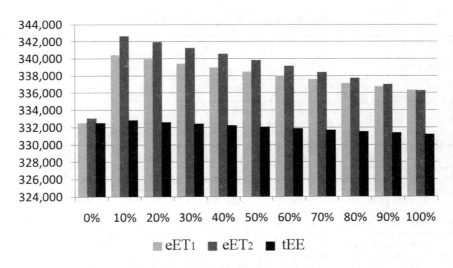

图4-3　按比例退税时的政府税收现值(单位:元)

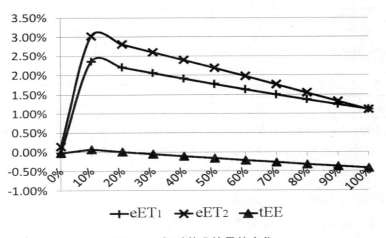

图4-4　相对基准情景的变化

图4-4给出了与基准情景相比,政府按比例给予退税优惠时的税收收入差异,负值为成本,正值为收益。可见,递延税制并不会减少政府税收,反而会给其带来其他方面的额外收益,而当前税收政策下的退税优惠如果比例不超过20%,也不会给政府税收带来负面影响。但是,若按额度予以退税,则情况有所不同。表4-4列出了详细情况。

表4-4　按额度退税对政府税收的影响

退税额（元/期）	tEE		eET$_1$		eET$_2$	
	绝对值	相对值	绝对值	相对值	绝对值	相对值
50	333443.9	0.3%	343895.3	3.4%	332725.7	0.0%
100	333105.3	0.2%	343662.8	3.3%	332376.9	−0.1%
150	332766.8	0.1%	343433.7	3.3%	332031.5	−0.2%
200	332428.2	0.0%	343204.5	3.2%	331686	−0.3%
250	332089.6	−0.1%	342975.4	3.1%	331340.6	−0.4%
300	331751	−0.3%	342742.8	3.1%	330995.2	−0.5%
350	331412.4	−0.4%	342513.7	3.0%	330649.8	−0.6%
400	—	—	342284.5	2.9%	330301	−0.7%
450	—	—	342055.4	2.8%	329955.5	−0.8%
600	—	—	341368	2.6%	328919.3	−1.1%
750	—	—	340680.6	2.4%	327879.6	−1.4%
900	—	—	339993.2	2.2%	326843.4	−1.7%
1050	—	—	—	—	325807.1	−2.0%
1200	—	—	—	—	324767.4	−2.4%
1350	—	—	—	—	323385.8	−2.8%

注："绝对值"表示相应税收政策和退税额度下消费者终身交纳税收的总现值，即政府对单个消费者征得的税收收入；"相对值"表示与基准情景中政府税收的差异比较。

如图4-4所示，若按比例给予退税优惠，政府并不会一味地减少税收收入，反而会因消费者购买个人养老保险的倾向增加，从其他税收中获得额外收益，弥补因退税所产生税收损失。这也从一定程度上证明了收入"自偿"机制的存在。税收政策 eET$_2$ 的影响最为明显。tEE 税收政策在中短期内可以拉动消费者的购买积极性，从而促进人们增加个人养老保险购买的税后工资比例。

（3）对消费者福利水平的影响

不同的税收政策对消费者福利水平的影响也不相同，图4-5给出了三种税收政策对消费者福利水平(终生效用)的影响,并与基准情形进行了比较,表4-4模拟计算了按绝对值进行税收优惠时三种不同税收政策的影响。

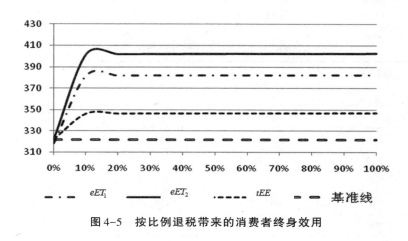

图4-5　按比例退税带来的消费者终身效用

图4-5清晰地显示出按比例退税的三种不同税收优惠政策的消费者福利水平均比基准情形要高。从逻辑上来说,只要存在着税收优惠,那么消费者的持久性收入将会增加,按照弗里德曼的"持久收入假说",其消费水平和福利水平势必会有所提高。对于不同的优惠政策,图4-6显示,直接退税的递延型税收优惠政策(eET_2)的优惠政策给消费者带来的福利效应最高,间接退税的递延型税收优惠政策(eET_1)次之,现有条件下的税收优惠政策(tEE)最低。实际上,在eET_2条件下,消费者获得的税收优惠的流动性最强,因此其选择性空间明显高于其他两种税收优惠政策,消费者福利水平势必是最高的;在eET_2条件下的消费者获得的税收优惠的流动性则明显强于tEE,其消费者的福利水平也相对较高。

表4-5显示,与按比例退税的税收优惠政策一样,按绝对额退税的税收优惠政策的福利水平均比基准情形要高。但不同的是,间接的递延型优惠政策(eET_1)给消费者带来的福利效应是最高的,其次是tEE。虽然按绝对额退税并没有改变消费者获取的税收优惠的流动性,但由于年金

收益率与市场收益率的差异(年金的收益率高于市场收益率),eET_1 和 tEE 条件下的消费者的持久性收入均比 eET_2 条件下要高,因此其福利水平也相对较高。虽然 eET_1 的投资收益率与 tEE 下相同,但是 eET_1 的税收优惠的流动性强于 tEE 模式,福利水平也高于 tEE 模式。

表4-5 不同退税额的福利水平

退税额 (元/年)	tEE	eET_1	eET_2
50	395.0743	410.1188	322.2550
100	396.4298	411.4404	322.2547
150	397.7915	412.7679	322.2545
200	399.1595	414.1013	322.2543
250	400.5336	415.4406	322.2540
300	401.9141	416.7859	322.2538
350	403.3008	418.1372	322.2536
400	—	419.4944	322.2533
450	—	420.8577	322.2531
600	—	424.9839	322.2524
750	—	429.1653	322.2517
900	—	433.4026	322.2510
1050	—	—	322.2503
1200	—	—	322.2496
1350	—	—	322.2487

综上所述,相对当前情形(基准情形)而言,无论是按绝对值退税还是按比例退税,本研究所考虑的三种税收优惠政策均能消费者购买个人养老保险的激励、政府税收以及消费者的福利水平,说明目前的个人保险优惠政策尚有较大的改进空间。然而,具体考虑不同的税收优惠政策,按比例进行退税的税收优惠政策和按绝对额退税的优惠政策则将会导致三种优惠政策对费者购买个人养老保险的激励、政府税收以及消费

者的福利水平产生不同的影响:

首先,对于个人养老保险激励而言,在按绝对额退税的条件下,eET_1 对个人养老金的激励作用最明显,tEE 次之,eET_2 最不明显;但在按比例退税的条件下,eET_2 对个人养老金的激励作用最明显,eET_1 次之,tEE 最不明显。

其次,对于政府税收而言,在按绝对额退税的条件下,eET_1 条件下政府征收的税收最高,tEE 次之,eET_2 最低;在按比例退税的条件下,eET_2 条件下政府征收的税收最高,eET_1 次之,tEE 最低。

再次,对于消费者福利水平而言,在按绝对额退税的条件下,eET_1 条件下消费者的福利水平最高,tEE 次之,eET_2 最低;在按比例退税的条件下,eET_2 条件下消费者的福利水平最高,eET_1 次之,tEE 最低。

小　结

由于不同的税收优惠政策和税收优惠方式对个人养老年金、政府税收和消费者福利水平的影响各不相同,因此政府在政策选择方面需要综合考虑政府的目标以及税收优惠方式的可操作程度。本章主要是运用CGE模型仿真模拟了个人养老年金几种不同的税收优惠模式给个人养老年金需求、消费者福利水平以及政府税收水平等方面的作用。得出的结论是:在单一目标下,考虑到税收优惠政策的可实施性,如果按绝对额退税的税收优惠政策更可行,则选择使用间接的递延型优惠模式;如果按比例退税的税收优惠政策更可行,则直接退税的递延型税收优惠模式是最佳选择。当然,政府的政策目标可能不是单一的,因此更需要进一步权衡各种目标的重要性、税收优惠方式的可行性等因素来进行选择,但无论是何种目标,政府均应对现有的税收体系进行改革,以期更好地发展个人养老保险市场、提高政府财政收入以及提高消费者的福利水平。

第5章 完善我国个人养老年金税收优惠的政策建议

5.1 个人养老年金税收优惠政策的实施原则

5.1.1 与社会经济相适应的原则

税收是政府取得财政收入的最主要形式,是国家和社会公共活动的经济基础,任何一项税收政策的制定都应与经济的发展程度和发展状况相适应。税收优惠也应遵循合理适度的原则,如果一项税收政策的优惠力度过大,涉及范围过广,会导致政府财政收入的大量减少,不利于国家职能的实现。因此,个人养老年金税收政策应结合我国目前的经济发展状况来进行制定,并且能够随着经济的发展变化进行适时调整,例如在经济稳定发展时期的税收政策,可以适当提高税收优惠的幅度;但在经济的滞缓时期,则应适当降低税收优惠程度,否则过高的税收优惠幅度超过政府的承受能力时,会导致政府财政困难。目前,我国社会经济正处于稳定发展时期,近年来的财政收入处于不断增加的状态,且增长速度较快,因此合理的税收优惠对政府的财政收入不会产生太大的影响。

表 5-1   998—2020 年中国税收收入及 GDP 占比

年份	全口径财政收入（亿元）	税收收入（亿元）	财政收入占GDP的比重	税收占财政收入比重	税收收入占GDP的比重
1998	17197.67	9262.8	0.20	0.54	0.11
1999	20121.4	10682.58	0.22	0.53	0.12
2000	23188.56	12581.51	0.23	0.54	0.13
2001	26766.15	15301.38	0.24	0.57	0.14
2002	32221.88	17636.45	0.26	0.55	0.14
2003	36105.28	20017.31	0.26	0.55	0.15
2004	40922.43	24165.68	0.25	0.59	0.15
2005	48615.29	28778.54	0.26	0.59	0.15
2006	50474.46	34804.35	0.23	0.69	0.16
2007	61697.47	45621.97	0.23	0.74	0.17
2008	78799.35	54223.79	0.25	0.69	0.17
2009	88760.25	59521.59	0.25	0.67	0.17
2010	112331.59	73210.79	0.27	0.65	0.18
2011	141539.43	89738.39	0.29	0.63	0.18
2012	180382.05	100614.28	0.33	0.56	0.19
2013	200208.45	110530.7	0.34	0.55	0.19
2014	228648.72	119175.31	0.36	0.52	0.19
2015	251448.6	124922.2	0.37	0.50	0.18
2016	250231.14	130360.73	0.34	0.52	0.17
2017	285297.16	144369.87	0.34	0.51	0.17
2018	318272.5	156402.86	0.35	0.49	0.17
2019	353491.09	158000.46	0.36	0.45	0.16
2020	342641.69	154312.29	0.34	0.45	0.15

数据来源：中国财政年鉴。

2010—2020：全口径财政收入=一般公共预算收入+政府性基金收入+国有资本经营收入+社会保险基金收入。

1998—2005：全口径财政收入=公共预算收入（含国内外债务收入）+预算外项目收入+社会保险基金收入。

2006—2009：全口径财政收入＝公共预算收入＋预算外项目收入＋社会保险基金收入。

另外,税收政策的制定应有利于社会关系的稳定。由于存在地区、行业及自有禀赋的差异性,使得人们的薪金收入、拥有的财产、占有的资源等方面均存在较大程度的区别,因此为避免引起社会不公,税收政策应尽量协调各纳税人间的利益关系。个人养老年金的税收优惠政策也应该充分考虑不同人群的薪金收入水平来确定具体的税收优惠程度,即税收优惠政策的作用范围和作用力度要适当。税收优惠的范围和限度,必须以不干预市场机制的有效运行为前提,主要解决那些适于用税收调节而一般税制要素又不能完全解决的问题。

再次,个人养老年金税收优惠政策的制定应与本国的法律制度相一致。法律制度的完善程度将直接影响税收优惠政策的顺利制定与实行,因此在设计税收优惠政策时,应遵循在不违背本国现有法律法规的原则下进行。税收优惠政策是以法律法规的形式发布,与既定的现行税法不能冲突,并且要明确对税收的三要素的规定,防止执行者因相关规定的不明确,而在实行过程中越权行使而随意实施优惠,进一步加剧地区间及行业间的不公平。

5.1.2 公平的原则

公平被认为是税收的首要原则,因为税收是否公平会影响到一国政治和社会的稳定,而不仅仅是一个经济问题。另外,税收公平与否还关系到税制本身能否正常运转。税收公平的原则要求税制的设计和税收的课征应有助于国民收入分配的最优化,同时税收负担的分配也能与纳税人的经济状况相适应。可见,公平是相对于纳税人的条件而言的,而不单是税收本身的绝对负担问题。具体到税收优惠,是政府从一定时期的经济和社会发展目标出发,而给予特定的课税对象、纳税人或地区的税收激励措施。其主要目的是调动纳税人的积极性,引导纳税人从事某项经济行为,在实现纳税人经济利益的同时,实现政府的宏观政策目标。税收优惠的制定和实施同样要体现税收公平的原则。个人养老年金的税收优惠政策一方面应体现出激励作用,另一方面应体现出对不同收入水平、不同工作年限劳动者的公平。

5.1.3　明确的原则

税收优惠政策的制定除考虑以上原则外,还应尽可能地简明并且具体。判定享受税收优惠政策的条件在一定程度上带有主观性,因此在法律规定中要明确课税主体、税率、课税对象、期限、减免等要素,以增强税收优惠政策的刚性。充分体现出以定量指标为主、定性判断为辅的原则。另外,税收优惠政策也应该使纳税人明确税收优惠的范围和标准,以便其更好地调整经济行为,同时还可以减少纳税人利用税法的漏洞或模糊性条文进行偷逃税和避税活动的机会,防止税收收入的流失。

5.2　完善个人养老年金税收优惠政策的建议

从个人养老年金税收政策的设计目标来看,是要在保证政府税收收入的前提下,激励个人对养老年金的购买。激励性税收政策主要是指税收优惠政策。具体的税收优惠政策设计应结合我国国情,参照国际经验,按照公平效率的原则设定合理的税收额度或税收比例,以达到其政策目标。本部分对个人养老年金的税收优惠政策框架进行探讨,并提出了设计构想。

5.2.1　确定合理的个人养老年金征税税基

个人养老年金税收优惠政策的框架设计首先要解决的问题有两个:其一是税收优惠政策的适用范围,即针对哪些人群实施优惠;其二是,针对所选择的适用人群,税收优惠度应该以什么指标作为基数进行核算。

1. 税收优惠政策的适用范围

税收优惠政策的适用范围这一问题,从个人养老年金的性质来看,它属于商业性养老保险,是建立在投保人和保险人双方完全自愿基础上的养老保险计划,因此对于投保人的范围不应该有所限制,甚至应更倾向于还未被纳入基本养老保险的中小企业职工、个体户和自由就业群体。但是,由于我国个人收入申报制度和个人所得税制还很不完善,因此,现阶段个人养老年金税收优惠政策的实行在较长时期都将处于尝试的阶段。为了便于实施和对实施结果的总结,目前可以考虑以每年有固定收入的人群为税收优惠的适用对象,凡符合条件个人购买养老年金,均可享受税收优惠政策。

2. 税收优惠程度的确定

考虑到税收优惠度的高低,首先是税基的确定问题,及确定固定收入的主要构成。表5-2中列示的是2002—2021年各地区城镇居民家庭收入的主要来源。从表中可以看出,城镇居民家庭收入来源主要由四项构成:工薪收入、经营净收入、财产性收入和转移性收入。其中工薪收入占到家庭可支配收入的70%以上,可见,目前城镇居民的家庭收入主要来源仍是工薪收入。而且工薪收入相对于其他类型的收入来说在人均可支配收入中的占比较为稳定,也更易于统计,因此现阶段的税基选择以居民个人的工薪收入为主具有较强的可实施性。

表5-2 中国城镇居民平均可支配收入(元人民币)

年份	可支配收入			
	工薪收入	经营净收入	财产性收入	转移性收入
2002	7652	5610	346	144	1552
2003	8406	6224	423	209	1549
2004	9335	6900	520	271	1644
2005	10382	7456	719	352	1855
2006	11620	8305	860	484	1971

年份	可支配收入				
		工薪收入	经营净收入	财产性收入	转移性收入
2007	13603	9561	998	758	2286
2008	15549	10438	1547	905	2660
2009	16901	11333	1631	1088	2848
2010	18779	12372	1826	1414	3167
2011	21427	13673	2345	1903	3506
2012	24127	15247	2715	2231	3934
2013	26467	16617	2975	2552	4323
2014	28844	17937	3279	2812	4816
2015	31195	19337	3476	3042	5340
2016	33616	20665	3770	3271	5910
2017	36396	22201	4065	3607	6524
2018	39251	23792	4443	4028	6988
2019	42359	25565	4840	4391	7563
2020	43834	26381	4711	4627	8116
2021	47412	28481	5382	5052	8497

数据来源:中国统计年鉴汇总得出。

我国个人所得税法规定,应纳税个人所得项目中工资或薪金包括个人因任职或者受雇而取得的工资、薪金、奖金、年终加薪、劳动分红、津贴、补贴以及与任职或者受雇有关的其他所得。因此,与个人所得税法规定相对应的个人购买养老年金缴费优惠的税基,应该包括以上所有项目,还是只包括其中的一项或者几项有待确定。结合其他国家的做法,目前可以考虑以基本工资部分作为税基使用。基本工资是按照岗位分类所确定的一组相对固定的结构工资收入,主要是由基础工资、岗位工资、技能工资、工龄工资和国家津贴以及各种补贴所构成的部分,不包括奖金和福利。

5.2.2　选择恰当的个人养老年金税收优惠模式

个人养老年金税收优惠政策的主要目的在于增加人们个人养老年金的投保率,提高老年人退休后的生活水准,同时又不会对政府的税收收入产生较大影响。那么如何做到既拉动个人养老年金的需求,又不致增加政府的税收负担,选择适合的税收优惠模式就显得尤为重要。结合我国目前的税法规定和政府财政能力,个人养老年金的税收优惠政策应分阶段分步骤实施。

1. 长期可选择具有延税性质的税收模式

我国当前的个人养老年金税收模式,属于非延税型,即个人购买储蓄性养老保险的费用不能在个人所得中作税前扣除,但在达到规定年限开始领取养老金时也无需缴纳个人所得税。非延税型税收优惠模式,虽然能保证政府的当期税收收入,但缺乏对养老保险需求的激励效应。从长期来看,将当前的非延税型模式改变为延税型模式是我国进一步发展个人养老年金的必然选择。至于税款递延的方式问题,还需具体分析,可供选择的途径有以下两种。

(1)最优的税惠模式为 EET 模式。通过前文中对各种税收优惠模式的比较,最优的延税模式为 EET 模式,这也是西方大多数国家采用的税优模式。

EET 模式的具体设计方案:①在养老保险的缴费阶段,就投保人个人购买养老保险缴纳的保费部分可以税前列支,这意味着个人当期应税收入基数下降,缴纳的个人所得税也相应减少。但从公平性的角度考虑,需要作出一定的限制:将个人购买养老保险的最高保费支出额设定为工资总额的 15%,而且最高的缴费数额不能超过 6000 元人民币。②在养老金的累积阶段,对积累的养老金本身不征税,但对基金投资收益征税,只是延迟到个人领取养老金时再行征收。③在养老金的领取阶段,就受益人或被保险人领取的养老金收入征税,按照个人所得税征税办法进行计征。这一阶段可以将保险人作为受托扣缴税款的义务人,由其在向受益人支付保险金或向被保险人支付提前领取金额之前,扣缴按照可领取的养老金数额计算的应缴纳税款,并向相关税务部门代为缴纳。

EET模式给予投保人的优惠程度最大,投保人可获得的潜在受益也是最高的,如果投保人退休后的收入水平达不到政府规定的起征点的话,还可获得免税,实际上是一种变相的EEE模式。但是从目前来看,EET模式和现行的所得税法规定存在一定的冲突,影响了这一模式的可行性。如果选择EET的税惠模式,就需要在个人所得税法方面进行整体修正,从而制定出一套完整的养老金税制体系和税收法规。

2018年已经在上海、苏州工业园区、福建三地进行了个税递延型养老保险的试点,从税优模式的角度分析,是各国普遍选择的EET模式。但是,仅仅是以试行文件的方式进行了说明,并没有给出明确的法律界定,因此,未来还需要在总结试点地区出现的一些问题出发,通过不断地完善,才能最终形成统一的适合我国国情的EET模式,可想而知,这将是一个充满艰辛的过程。

(2)较为保守的选择是投保时确定应缴纳的税额,但暂不缴纳,在领取保险金时补缴,此法可能是当前更为现实的选择。

这种形式下,虽然个人在购买养老年金时并不实际缴纳所得税,但是政府税收部门会计算出个人应缴纳的所得税额,推迟到个人退休后开始领取养老金时再进行缴纳。这也就意味着,通过这种方式,纳税人获得的是其应纳税款所对应的时间价值,相对于eET模式而言,给纳税人的优惠程度较小,但这种做法还是具有一定的激励效果的。例如,一个边际税率为20%的个人,在预期的投资收益率为5%时,他可能会因当期不用纳税而获得每年1%的额外收益率,这种的超额收益率的存在对于个人来说还是具有一定的吸引力。

该模式的具体操作方法:①在投保人购买养老年金缴纳保费的阶段,就缴纳的保险费部分计算出应缴纳的个人所得税数额,但暂时不予征收,即仍将所有保费作税前扣除后计征所得税,到养老金领取时再就该部分税款进行补缴,以期对个人养老年金的购买产生激励效果。②同样在养老金的累积阶段,对积累的养老基金本身不征税,但对基金投资收益征税,只是延迟到个人领取养老金时再行征收。③在养老金的领取阶段,将保险公司作为受托扣缴递延税款的义务人,由其在向受益人支付保险金或向被保险人支付提前领取金额之前,扣缴投保人因购买本保险已递延的税款,并向相关税务部门代为缴纳。保险公司可以按照以下规则扣除递延的税款:当被保险人达到规定年龄时,对累计的递延税款按照10年进行平均,于被保险人每年首次领取养老金时等额扣除;如果被保险人一次性领取养老保险金或账户价值,可以一次性扣除所有累计递延税款;如果被保险人发生身故的,可以在给付身故保险金时一次性扣除所有累计递延税款。

这种税收模式的主要问题在于其给予投保人的税收优惠信息并不明朗,即缴费阶段应纳税额的确定,即使仅仅是从名义上的确定的应纳税额,并不实际缴纳,也可能使投保人产生抵触情绪;另外,也并非所有人都对投资收益抱有良好的预期,因此它对个人养老年金市场的推动作用也就十分有限了。

2. 短期内可选择具有过渡性质的非延税型税惠模式

考虑到 EET 模式目前不具备实施的条件,需要选择其他的税惠模式。就对个人退休后的养老金收入的作用角度来分析,EET 模式和 TEE 模式下所产生的影响是一样的,因此,单纯考虑个人退休后的生活保障水平,这两种模式的区别不大。因此,当前的税制条件下可以采用具有过渡性质的非延税型模式。具体可以有两种途径:

(1)tEE 模式

在 EET 模式与现行税法存在冲突的情况下,可以采用具有过渡性质的 tEE 模式。tEE 模式是基于与我国现行分类所得税制的规定保持一致之下的一种选择。所谓的 tEE 模式,是在个人购买个人养老年金即缴纳保险费时征税,但可以按照一定比率从应税对象中进行部分扣除,以减轻纳税人税收负担的做法。tEE 模式有别于一般的 TEE 模式,因为"t"是考虑了一定程度的税收扣除之后进行征税,是在个人缴纳所得税时,对支付的养老保险费给予比例或定额的扣除。tEE 模式的具体操作方法:

首先,在养老年金的缴费阶段,投保人个人购买养老年金缴纳的保费部分不能从个人的工资薪金中扣除,即不能享受免税。但考虑到需要对个人养老年金的购买产生一定的激励作用,可以从投保人缴纳的保费中作部分扣除,至于是比例抵扣还是定额抵扣还需要进一步考虑。限额抵扣相对于比例抵扣,其可操作性似乎更强一些。至于具体的抵扣限额,既可效仿个人所得税的做法,全国使用统一的抵扣数额,也可由各地区根据各自居民和家庭收入水平、保险市场的发育程度等来决定具体的抵扣数额,但同时规定一个抵扣上限。考虑到目前人们的平均收入水平,可以将抵扣上限额设定为500元/月;同时对年龄较大的投保人适当增加其抵免金额:50岁以下的劳动者可享受缴费在500元/月以下部分的免税,50岁以上的劳动者可享受缴费在1000元/月以下部分的免税。

其次,在养老金的累积阶段,对积累的养老基金本身不征税,但对基金投资收益征税,只是延迟到个人领取养老金时再行征收。

再次,在养老金的领取阶段,对受益人或被保险人领取的养老金不征税。同时借鉴OECD成员国做法,需要给予适当限制:如果受益人或被保险人一次性领取养老金,将可领取的一次性免税现金确定为退休时养老基金积累价值的25%,其余部分缴税。如果受益人或被保险人分期领取养老金,则将进入领取期后的年金收入分成两个部分:一部分作为本金的返还,另一部分作为年金的收益。作为本金的部分因为在投保人购买年金保险合同时已经交过税,因此在领取的时候无需对本金部分交税或采用较低的优惠税率,如10%的税率。也就是说,受益人或被保险人只要对领取年金中代表投资收益的部分缴税,而不需要对代表税收成本基础的返还部分缴税。

(2)投保人购买个人养老年金时先缴税后部分退还税款的模式

在这种模式下,虽然投保人购买养老年金缴纳的保费部分不可以税前列支,即投保人需要用税后收入部分缴纳保险费,但是政府会将保险费对应的所得税额进行部分返还,以减轻投保人的纳税负担。至于是在期初返还,还是期末返还,仍需具体分析。较之期末返还,期初返还似乎更为合适。期初返还的方式可以更直接的降低纳税人的税收负担,作为投保人所获得当期利益更为明显,有利于激励人们对个人养老年金的购买。该模式的具体操作方法:

首先,在养老年金的缴费阶段,就投保人个人购买养老年金缴纳的保费部分不可以税前列支,即投保人用税后收入缴纳养老保险的保险费。个人购买养老保险的,保险公司出具的首续期发票可以作为享受税收优惠的凭据。以此发票为依据投保人可向税务部门申请25%的税款退还。但如果出现退保情况,则要求保险公司将投保人的退保情况报送税务部门,并在个人按照规定补税之后方可给其支付退保金。

其次,在养老金的累积阶段,对积累的养老基金本身不征税,但对基金投资收益征税,只是延迟到个人领取养老金时再行征收。

再次,在养老金的领取阶段,对受益人或被保险人领取的养老金不征税。同时给予适当限制:如果受益人或被保险人一次性领取养老金,将可领取的一次性免税现金确定为退休时养老基金积累价值的25%,其余部分缴税。如果受益人或被保险人分期领取养老金,在领取的时候无需对本金部分交税或采用较低的优惠税率,如10%的税率,而对领取年金中代表投资收益的部分缴税。

除此之外,还可以考虑由地方财税部门对在各地经营养老保险业务的保险公司给予其养老保险业务一定程度的税收优惠。即通过向保险公司给予一定比例返还营业税的优惠政策,返还的营业税专项用于鼓励消费者个人购买养老保险。保险公司在每年的年度终了后3个月后,可以向当地财政局申请返还营业税,由当地财政办理拨款。在取得财政部门返还的营业税10个工作日后,保险公司将返还的营业税金额、上年度试点个人养老年金标准保费等情况报告当地保险监管部门。保险监管部门在对各保险公司返还的营业税与上年度个人养老年金标准保费的比例进行计算后,由确定应补助投保人的统一比例,该比例的最低比例值不高于15%。同时要求各保险公司按统一比例将获得的上述返还的营业税补助给购买个人养老年金的投保人,当年结余部分结转至下一年。这是通过地方财政补贴的方式,来曲线实现个人养老年金税收优惠的目的。

综上所述,tEE 等非延税模式在领取养老金阶段只是起到降低个人税收负担的作用,而并没有完全免除纳税人的税负。为了提高个人投保养老年金的积极性,tEE 模式补充规定在缴费时适用低税率或作部分税收扣除。对于养老年金的受益人和被保险人而言,虽然 tEE 模式对退休收入产生的最终结果与 EET 模式是一样的,但是在 tEE 模式下,人们会因为担心政府许诺的税收优惠在政府税收政策改变时无法兑现而对投保个人养老年金产生迟疑,另外,考虑到通货膨胀等因素,EET 模式更能调动雇员参与企业年金计划的积极性。因此,"tEE"模式仅是一个过渡性的制度安排,因为实行 EET 才是发展个人养老年金的最优选择,待时机成熟,应适时将其转变为"EET",但是从实践来看,只有转变我国目前的所得税税制才能为实行 EET 模式创造适当的税制环境。

5.2.3 设计合理的税收优惠额度

个人养老年金的税收优惠除了政策模式的选择之外,优惠额度的确定也是至关重要的。因为,税收优惠不仅能够产生减轻纳税人负担、增加个人可支配收入的正面效应,同时也能够带来减少国家税收收入的负面效应。特别是在税收优惠额度过高的情况下,除了造成政府较大的财政负担外,还可能成为高收入者的避税途径。考虑到税收优惠的负面效应,税收优惠额度应尽可能地控制在政府财政的可承受范围之内。在2008 年天津试点的养老保险的税收优惠方案中,规定用于购买商业养老保险的费用在工资收入的 30% 以内可以进行税前列支,但是由于优惠额度太大而被国家税务总局叫停;而 2018 年试点的养老年金税收优惠方案又被认为优惠额度太小而无法引起大家的购买欲望,那么到底多少的税收优惠才更具合理性和可行性,是税收优惠政策能否有效实施的关键。

下面以 tEE 模式为例,计算从应纳税所得额中可以予以扣除的部分,选用比例扣除和定额扣除的方式都可以,但是最关键的问题"部分扣除"

的最高限额的确定。这里分别就采用定额抵扣和比例抵扣的方式下,如何确定最高限额即税收优惠的额度进行分析。

1. 采用比例抵扣的方式下确定税收优惠额度

这种税收优惠的方式就是确定一个免税比例,将个人用于购买个人养老年金的缴费数额与个人的工资收入联系起来,确定个人缴费比例上限,在该比例内进行抵扣。超过缴费比例上限时,则超过部分征收个人所得税。那么,关键的问题是个人缴费比例上限的确定。

有的学者测算得出,目前根据我国现行的目标模式,企业年金的替代率设定为 20% 是比较合适的;再加上社会基本养老保险 60% 的替代率,养老保险的总替代率可以达到 80% 左右。考虑到个人养老年金是在公共养老年金和企业年金的基础上,由个人自愿购买的养老保险,是为老年人提供更高层次的养老保障,因此,个人养老年金的替代率应该设定在 10%—20% 之间,充分发挥补充养老保险的作用。那么现在的问题是,个人养老年金的缴费率应该达到工资的比率为多少时,才能满足10%—20% 的目标替代率呢?

在养老年金计划下存在这样的公式:

$$pW\Big[(1+r)^n + (1+a)(1+r)^{n-1} + \cdots + (1+a)^{n-1}(1+r)\Big]$$
$$= pW(1+r)\Big[(1+r)^n - (1+a)^n\Big]\Big/(r-a) \tag{5-1}$$

P 为个人养老年金的缴费率(购买个人养老年金的支出金额占工资的比重),W 为缴纳首期保费时的工资额,pW 为个人养老年金购买者首期的缴费额,a 为工资增长率,$1+a$ 为缴费额的年增长速度,r 为投资收益率,因为养老基金有投资增值因素,$1+r$ 为养老基金积累的年增长速度。在工资指数化条件下,个人 m 年的退休生涯在其开始年份的现值为:

$$BW(1+a)^n\Big[1 + (1+a)\big/(1+r) + \cdots + (1+a)^{m-1}\big/(1+r)^{m-1}\Big]\Big/(1+T)$$
$$= BW(1+a)^n\Big[(1+r)^m - (1+a)^m\Big/\big[(r-a)(1+r)^{m-1}(1-T)\big]\Big]$$

$$\tag{5-2}$$

n为工作年份,B为工资替代率,T为个人养老年金给付的比例税税率。个人养老年金计划中,基金实行完全积累,退休时基金的积累量必须与退休后所需求的退休支出现值相等,即(5-1)式=(5-2)式。通过计算可得出:

$$p = B(1 + a)^n \left[(1 + r)^m - (1 + a)^m \right] \Big/ \left\{ (1 + r)^m \left[(1 + r) - (1 + a)^n \right] (1 - T) \right\}$$

$$(5-3)$$

鉴于我国政府未对养老年金养老金给付做出明确的税收政策,且在学术讨论和实践操作中有着不同的倾向。这里假设职工退休年龄均为60岁,如果一个人从20岁开始工作,那么工作的时间n一般为40年,m为20年;年投资收益率r为5%。在退休时领取养老金时的税率T分别为3%,5%和8%的情况下,针对个人购买养老年金时的缴费率进行探讨。表5-3和表5-4中列示了2021年全国城镇非私营单位和私营企业就业人员年平均工资水平。可以看出,2021年城镇非私营单位就业人员年平均工资为106837元,比上年增长9.7%,扣除价格因素实际增长8.6%;而城镇私营单位就业人员年平均工资为62884元,比上年增长8.9%,扣除价格因素实际增长7.8%。由表5-3中的数据可以计算得出近年来职工工资的平均增长率a,大致为8%。

表5-3 2021年城镇非私营单位分行业就业人员年平均工资单位:元;%

行业	2021年	2020年	增长速度%
合计	106837	97379	9.7
农、林、牧、渔业	53819	48540	10.9
采矿业	108467	95574	12.2
制造业	92459	82783	11.7
电力、热力、燃气及水生产和供应业	125332	116728	7.4
建筑业	75762	69986	8.3
批发和零售业	107735	96521	11.6
交通运输、仓储和邮政业	109851	100642	9.2
住宿和餐饮业	53631	48833	9.8

行业	2021年	2020年	增长速度%
信息传输、软件和信息技术服务业	201506	177544	13.5
金融业	150843	133390	13.1
房地产业	91143	83807	8.8
租赁和商务服务业	102537	92924	10.3
科学研究和技术服务业	151776	139851	8.5
水利、环境和公共设施管理业	65802	63914	3.0
居民服务、修理和其他服务业	65193	60722	7.4
教育	111392	106474	4.6
卫生和社会工作	126828	115449	9.9
文化、教育和娱乐业	117329	112081	4.7
公共管理、社会保障和社会组织	111361	104487	6.6

资料来源：国家统计局。

表5-4　2021年城镇私营单位分行业就业人员年平均工资单位：元；%

行业	2021年	2020年	增长速度%
合计	62884	57727	8.9
农、林、牧、渔业	41442	38956	6.4
采矿业	62665	54563	14.8
采矿业	63946	57910	10.4
电力、热力、燃气及水生产和供应业	59271	54268	9.2
建筑业	60430	57309	5.4
批发和零售业	58071	53018	9.5
交通运输、仓储和邮政业	62411	57313	8.9
住宿和餐饮业	46817	42258	10.8
信息传输、软件和信息技术服务业	114618	101281	13.2
金融业	95416	82930	15.1
房地产业	58288	55759	4.5
租赁和商务服务业	64490	58155	10.9

行业	2021年	2020年	增长速度%
科学研究和技术服务业	77708	72233	7.6
水利、环境和公共设施管理业	43366	43287	0.2
居民服务、修理和其他服务业	47193	44536	6.0
教育	52579	48443	8.5
卫生和社会工作	67750	60689	11.6
文化、教育和娱乐业	56171	51300	9.5

资料来源：国家统计局。

利用(5-3)式,按照目前职工退休年龄设定为60岁,可以计算得出在不同情况下的缴费率的具体数额如下表所示:

表5-5　退休年龄为60岁,替代率为10%时的缴费率

组合(替代率,工资增长率,投资收益率,退休年龄,所得税税率)	缴费率
(10,8.0,5,60,3)	11.54%
(10,8.0,5,60,10)	12.44%
(10,8.0,5,60,20)	13.99%

表5-6　退休年龄为60岁,替代率为15%时的缴费率

组合(替代率,工资增长率,投资收益率,退休年龄,所得税税率)	缴费率
(15,8.0,5,60,3)	17.31%
(15,8.0,5,60,10)	18.66%
(15,8.0,5,60,20)	20.99%

表5-7　退休年龄为60岁,替代率为20%时的缴费率

组合(替代率,工资增长率,投资收益率,退休年龄,所得税税率)	缴费率
(20,8.0,5,60,3)	23.08%
(20,8.0,5,60,10)	24.88%
(20,8.0,5,60,20)	27.99%

考虑到延迟退休的政策,如果退休年龄被设定为 65 岁,缴费率的具体数额计算则如下表所示:

表 5-8　退休年龄为 65 岁,替代率为 10% 时的缴费率

组合(替代率,工资增长率,投资收益率,退休年龄,所得税税率)	缴费率
(10,8.0,5,65,3)	14.67%
(10,8.0,5,65,10)	15.81%
(10,8.0,5,65,20)	17.79%

表 5-9　退休年龄为 65 岁,替代率为 15% 时的缴费率

组合(替代率,工资增长率,投资收益率,退休年龄,所得税税率)	缴费率
(15,8.0,5,65,3)	22.00%
(15,8.0,5,65,10)	23.71%
(15,8.0,5,65,20)	26.68%

表 5-10　退休年龄为 65 岁,替代率为 20% 时的缴费率

组合(替代率,工资增长率,投资收益率,退休年龄,所得税税率)	缴费率
(20,8.0,5,65,3)	29.34%
(20,8.0,5,65,10)	31.62%
(20,8.0,5,65,20)	35.57%

从上面的表格中可以看出,在个人养老年金替代率确定的条件下,个人养老年金的缴费率与个人养老年金给付时的所得税率呈正相关的关系,所得税率越高,缴费率就越高。退休年龄为 60 岁的情况下,选择 3% 作为个人养老年金领取时的适用税率,可以得到的缴费比率为 11.54%—23.08%,即个人将工资收入的 11.54%—23.08% 用于购买个人养老年金就可以满足目标替代率为 10%—20% 的要求;退休年龄为 65 岁的情况下,选择 3% 作为个人养老年金领取时的适用税率,可以得到的缴费比率为 14.67%—29.34%。如果我们现在选择 60 岁退休时的 23.08% 作为

个人养老年金的缴费比例上限,在个人年工资收入的23.08%以内的部分购买个人养老年金,则可以享受税收扣除。但是考虑到我国目前的财政税收状况,为了不至于带来过高的财政负担,可以将10%的替代率作为个人养老年金的目标,在此替代率下所决定的缴费比例为11.54%,按城镇非私营企业职工年平均106837元的工资收入来计算的话,12328.41元用于购买个人养老年金可以享受税收优惠平均到每月的最高限额为1027.37元人民币。

2. 采用定额抵扣的方式下确定税收优惠额度

这种税收优惠的方式就是确定一个统一的免税额,限定个人购买个人年金保险时每年缴费享受税收优惠的最高限额,在此限额之内,免征个人所得税,超过此限额的部分,征收个人所得税。

现阶段,较之比例抵扣,限额抵扣似乎更为合适。这不仅与当前个人所得税的定额扣除保持一致,也可以避免公平的缺失。至于具体的抵扣限额,既可如个人所得税一样规定全国统一的数额,也可采取更为灵活的方法,由各地根据个人收入水平、保险市场的发育程度等来决定,但政府需要对税额抵扣的上限加以规定。因为,目前一些企业出于激励机制的需要,实行了级别工资,不同级别的员工工资待遇差别很大,据有关调查显示,有些企业高管薪金水平普遍在50至60万元人民币之间,有的甚至超过百万元,而普通员工的年平均工资只有10至12万元左右。因此,如果仅出于公平的考虑将基本工资作为缴税基数来使用的话,就会出现对这些高薪人员的过分优惠。所以,在税收优惠政策的制定过程中应该充分考虑到这一现象,对于这部分高收入人群可以享有税收优惠的工资数额给出一个最高限额,只有在缴费限额之内的部分才能够允许税前扣除,超过的部分仍需缴纳个人所得税。

考虑到我国各地经济发展程度不同,经济较发达地区的人均收入较高,而经济较落后地区的人均收入较低,二者的差距较大,因此,可以选择一些经济发展水平以及人均收入较高的地区进行个人养老年金税收优惠政策实施的试点,选择与我国经济发展水平以及老年人养老需求的税收优惠模式及税收优惠程度。

5.2.4　个人养老年金税收优惠政策实施中涉及的其他方面

各国个人养老年金税收优惠政策的实现过程都不是一成不变的,会随着社会经济发展、人们收入水平等因素的改变而进行动态调整。

1. 采用差异化的税惠标准

单一的缴费免税限额标准损害税收优惠政策的公平性原则,因此在目前定额和比例双重限额标准的基础上,可以根据收入与购买商业养老保险金额的不同实行差异化的税收优惠政策。首先,随着参保人收入的提高,其享受的税收优惠扣除限额逐步降低。其次,随着个人商业养老保险账户累计金额的升高,实行税收优惠政策"逐步退出"机制,以缓解现有政策中存在的累退效应。此外,根据中国银行保险监督管理委员会等四部委印发的《个人税收递延型商业养老保险产品开发指引》通知的规定,中国个税递延型商业养老保险分为收益确定型、收益保底型、收益浮动型三种类型,分别对应 A、B、C 三类产品。但在试点政策中,税收优惠政策却没有根据产品收益与风险的不同作出差异化设置,这不利于国家对于个人选择养老保险产品行为的调控。因此可以考虑根据储蓄型与投资型的不同,设置差异化的税收优惠政策,降低高收益率的养老保险产品税收优惠力度,以引导个人养老保险产品的投资行为。

2. 实行免税限额动态调整机制

目前关于税收优惠扣除限额动态调整机制,国际上有以下几种主流的做法:美国与德国政府根据个人收入增长与通货膨胀水平等因素不定期更新限额,更加侧重税收优惠的公平性;英国则直接设置较高的扣除上限,更加侧重激励个人购买商业养老保险;而日本则比较特殊,政府根据参保人月收入的不同,将商业养老保险缴费金额按照不同的计算公式折算成扣除限额,实现兼顾公平与对个人的激励。考虑到中国商业养老保险发展起步较晚,且居民个人收入差距逐年扩大的趋势,关于税收优惠扣除限额动态调整机制可以参考日本的做法,在提高商业养老保险参保率与保证税收优惠相对公平之间进行平衡。

3. 养老金领取的限制

对于中途退保或者提前支取养老金的行为,美国的做法值得借鉴。根据美国 IRA 账户的规定,除死亡、残疾、医疗、子女上学等特殊情况,中途退保要按照一般收入补缴所得税;而对于未达到领取条件提前支取养老金的行为,除了需要对其领取的养老金按照一般规定征税之外,还要额外征收一笔罚款。我国也可制定相应的税收补缴规定,在参保人无特殊情况有能力参保的情况下补交个人所得税;同时参考美国罗斯型个人商业养老保险的做法,在发生特殊情况时可以在一定额度内免除惩罚。这样既规范了参保人参保行为,又在参保人发生特殊情况时设置了应急性措施。

4. 针对激励保险公司的税收优惠政策

在试点政策完善过程中,除了对个人的参保行为进行激励外,还需对经营个税递延型养老年金的保险公司给予税收优惠。在中国保险业相关税负中,保险公司经营过程中主要涉及的税种是增值税与企业所得税。因此,在企业所得税方面,可考虑对其经营此类寿险业务的保费收入实行低税率或部分收入免税。在增值税方面,可以效仿农村商业银行提供金融服务收入的做法,考虑实行简易计税,以促进保险公司对个税递延型养老年金产品开发的积极性。

5.3 个人养老年金税收优惠政策的实现基础和制度保证

再完美的政策都不可避免存在一些缺陷,税收政策在促进个人养老年金发展的同时,也不可避免存在税收漏洞的问题。因此,为了能在提高个人购买养老年金保险积极性的同时,合理控制国家财政收入流失,就有必要完善对个人养老年金税收优惠政策的相关法律法规。

5.3.1　个人养老年金税收优惠政策的实现基础

1. 政策环境基础

个税递延型养老年金已经引起了国家的高度重视,如前文所述,为个税递延型养老年金的推出,我国曾出台过一系列的支持政策。从各种不同时期、不同部门出台的文件中均可以看出国家的政策导向十分清晰,即支持通过税收优惠政策激励人们参加个人养老年金,进一步扩大个人年金在养老保障中的比重,完善我国三支柱养老保险体系。

同时,银保监会也进行了重点推进。从天津的试点开始,银保监会就在不断地尝试推进个税递延型养老年金的具体实施。先后与上海、深圳、厦门等地方政府签订合作备忘录,明确提出支持"开展个人税收递延型养老保险试点"等。除此之外,地方政府以及国家相关部门也都给予了积极配合和支持,为税惠型养老年金的发展奠定了政策环境基础。

2. 税惠实施基础

个人养老年金税收优惠政策的顺利实现,需要税务机关具备完善的个人收入信息和健全的征管机制。我国要想落实个税递延型养老年金的税收优惠政策,需要能够实现投保人缴纳的保费在个人所得税前扣除、资金运用阶段所取得的投资收益免征企业所得税、养老金领取阶段按照当时税收政策对领取的养老金收个人所得税这三方面的政策。我国暂无以"税收递延"为称谓的税收政策,就具体的税收递延的实现方式没有法律上的直接规定,但是在相关法律的实现过程中可以找到类似的做法。现行的《企业所得税法》的第 32 条规定:"企业的固定资产由于技术进步等原因,确需加速折旧的,可以缩短折旧年限或者采取加速折旧的方法。"采取加速折旧方法的固定资产,计入成本的折旧金额逐年递减,与之相应,企业计缴的所得税逐年递增。对应税企业来说,尽管纳税总额和直线法折旧一样,但享受固定资产缩短折旧年限或加速折旧政策,缴纳所得税的现值较低,相当于获得一笔无息贷款用于购置技术领先设备。这一政策的实质也是改变了相关部分企业所得税的应税时间,与税收递延的内涵基本一致。同时,个人所得税的税前扣除已经有了比较成熟的经验,如公积金利息税前扣除政策已执行多年。

同时,对保险机构而言,个税递延型商业养老保险试点的施行无疑会挖掘商业养老保险的潜在市场空间,促进人寿保险业务的快速发展,保险机构的业务规模将逐渐扩大,预计将带来千亿级别的保费增量,加快我国商业养老保险体系的建设。

3. 寿险行业基础

保险公司是参与推行个税递延型养老年金的主体之一,承担着开发个税递延型养老年金产品的责任。这类型养老年金产品因其政策性的特点,对产品设计理念、产品条款的制定以及积累基金的运作管理要求比普通的个人养老年金产品要高。这就要求参与的保险公司在财务竞争力、产品竞争力、服务竞争力以及投资竞争力等方面具有一定的优势。我国目前寿险行业的综合竞争力已经得到了很大程度的提升,具备承载个税递延型养老年金实行的能力。

从财务竞争力来看,据保监会年度报告显示,截至2021年底,中国寿险公司净资产达213895亿元,较上年增长了7个百分点,近十年中国寿险行业整体净资产规模保持稳定增长。我国2012—2017年寿险保费收入增长迅速,且增速较快,2017年增幅达23.3%,但赔款及给付占比较大,2017年后寿险保费收入增长速度较为缓慢,由于保险制度逐步完善,传统寿险行业面临着改革转型的压力,寿险行业进入发展瓶颈期,但赔款呈下降趋势,各家寿险公司偿付能力达到监管要求行业整体发展势态良好。从以上情况可以看出,我国寿险公司完全有能力参与税延型个人养老年金的推行。

从产品竞争力来看,在人寿险方面,主要有普通寿险、分红寿险、万能寿险、投资连结保险等各种类型,其中分红险在寿险业务的比重超过80%,寿险公司之间的产品差异性较弱,大多数寿险产品偏重理财功能的体现,保障程度不足。如果我国要推行税延型个人养老年金,需要加强养老年金产品的创新,提高养老保险产品的保障程度,提高产品的吸引力。

从服务竞争力来看,我国多数寿险公司都在积极采取措施,例如治理销售误导等不合规行为,提升保险理赔服务质量以及创新和丰富保险服务内容。努力改进浅层次的服务,提高服务的便利性、快捷性和周全性,而且致力于弥补深层次服务缺陷,维护广大投保人的切身利益。经过不断的改进,我国寿险公司逐渐形成"以客户为中心"的服务理念,从客户实际需要出发,创新服务内容,优化服务流程,树立良好的公司品牌和市场形象的目标。

综上所述,我国寿险行业竞争力不断增强,发展较为完善的寿险公司都具备参与个税递延型养老年金产品推行和开发的能力,这在一定程度上为国家实施个税递延养老政策奠定了市场基础。

5.3.2 个人养老年金税收优惠政策的制度保障

1. 制定并完善相关法律法规

从国外发展个人储蓄型养老保险的经验可以看出,法律法规是计划成功的基石。建立健全税收政策的规章制度是政府相关部门执行政策的依据,是养老保险市场有效运行的保证。在个人养老年金的税收优惠政策制定和实施过程中,应由保险监督管理部门会同税务部门,以《税法》为依据,结合《保险法》,建立符合法律规定、便于实现的税收优惠政策。明确立法程序和立法主体,统一并完善个人养老年金税收优惠政策的相关法规和条例,避免重复立法,甚至出现的立法冲突。当所处的社会环境改变时,应根据《税法》和《保险法》及时进行调整。由于我国地区经济发展不平衡现象的客观存在,应当允许地方财税部门根据本地区的实际情况制定相应优惠政策,但必须由国家财税部门批准审核方可执行。加强税务部门与银行、保险机构等相关部门的协作,以便于对个人养老年金各个环节的税收管理。

税收优惠政策中必须明确税收优惠主体和课税对象以及税收优惠的比例或额度,防止因规定不明确,导致执行过程中的不统一。个人购买的养老年金保险允许其在工资收入所得中扣除,但是为防止不公平现象的产生,应设计一个合理的优惠限度。可以考虑借鉴国外发达国家经验,实行延期纳税方法,激发个人购买个人养老年金的积极性。借鉴国际经验实行差别税惠政策,对个体户、农民工以及部分中小企业中没有参加企业年金、又没有被纳入基本养老保险的职工,可以适当提高优惠比例或额度。

立法规范保险经营主体和保险业从业人员行为,加强保险公司风险防范意识,确保个人养老年金资金投资实行保值和增值。目前,我国对个人养老年金投资收益所得不计入利润,不需要缴纳所得税,因此,保险公司更愿意提供养老年金保险险种,这在一定程度上促进了个人养老年金的发展。但是,由于追求利益的驱使,保险经营主体可能违规操作、运营,影响个人养老年金的健康发展,因此,必须通过立法对市场行为加以规范管理。

国外发达国家个人商业养老保险实施的税收优惠政策一般都有完善的立法进行保障,如美国401(K)计划来自美国《国内税收法》;IRA个人退休账户计划源于《雇员退休收入保障法案》的相关规定。正是因为当前我国个税递延型养老年金在相关税收法律法规中缺乏依据,成为其难以真正落地的原因之一。为保证个税递延型养老年金的顺利实施,需将其纳入个人所得税法体系中,将个税递延型养老年金的税收优惠政策进行法律固化,使其具有明确的法律支撑与保障。国务院及其下属的财政部、人社部、银保监会等应将个税递延型商业养老保险实施细则进行完善,包括优惠原则、优惠对象、优惠形式、优惠额度等,保证个税递延型商业养老保险政策准确、明晰、可操作性强。同时,针对个税递延型商业养老保险遇到的新问题、新情况,应及时在法律和制度的框架中进行补充与完善,保障其持续稳定推进,逐步实现个税递延型商业养老保险税收优惠政策的法制化、规范化。

2. 加快推进税制衔接

个税递延型养老年金应在我国个人所得税以分类计征方式向综合与分类相结合的计征方式转变的改革框架下进行。当前我国个人所得税实行的是分类税制,其征收与管理较为便捷,但是难以发挥调节社会收入差距的功能,不利于实现社会公平。党的十八届三中全会提出"逐步建立综合与分类相结合的个人所得税制"的改革目标。以个人与家庭结合为征税对象、建立基本扣除加专项扣除是此轮个人所得税改革的核心内容,综合考虑纳税人税收负担能力,合理确定费用扣除标准,适当增加如医疗、房贷等与纳税人家庭生计密切相关的扣除项目(崔军、朱晓璐,2015)。2018 年 8 月《个人所得税法修正案草案》通过十三届全国人大常委会审议,首次增加子女教育、继续教育、大病医疗、住房贷款利息或住房租金、赡养老人等支出专项附加扣除。个税递延型商业养老保险缴费环节的个人所得税递延也可以考虑将其纳入专项扣除内,将投保人购买个税递延型商业养老保险的相关费用作为专项扣除在缴费环节进行递延扣除,使其作为专项扣除和综合与分类相结合的个人所得税制有效衔接。

3. 加强税惠政策执行的监督管理

选择适合本国国情的税收优惠模式、设定合理的税收优惠限度对个人养老年金的良性发展固然重要。但是,再好的政策如果监管不到位,也会导致其政策效用大大减小。在个人养老年金税收优惠政策的实施过程中应确保各项监管措施落实到位,依据法律法规,明确个人养老年金税收优惠政策监管执法主体及职权范围、提高监督人员职业道德素质,建立信息披露制度,加强对保险公司、银行建立、运营个人养老年金的各环节的监督管理、规范其行为。财税部门应联合银行、保险公司,对建立的个人养老年金账户备案,以便于监管部门有效监督与检查。

(1)投保人的监管

由于税收优惠政策为纳税人提供了合理避税的场所,可能会导致部分人认为这为偷逃税行为创造了准入条件,对这种偷逃税行为,如果监管不严,可能出现高收入者以参加个人养老年金为名,利用国家的税收优惠政策达到个人避税目的,造成财政收入流失。为避免此类不良行为的出现,需要完善个人养老年金的养老金给付规定,推进个人收入申报制度建设。借鉴国外经验,如果设计个税递延型养老年金,在养老金给付环节,需要全面掌握养老金受益人的收入情况,以便于个人所得税征管工作的顺利进行。因此,在设计税收优惠相关法规时,应考虑到我国个人收入申报制度还不完善,财税部门应与保险公司、银行、社保机构实现信息共享,可考虑由银行或保险公司代收个人所得税。审计监管部门应定期审查个人养老年金在建立、运行到领取整个过程中税务登记情况、代缴扣税情况、资金运行情况等,对个人养老年金运行过程中的违规行为,根据立法给予严厉处罚与警告。

(2)保险公司的监管

保险公司在推行个税递延型养老年金政策中扮演着至关重要的角色,因此想要顺利推行个税递延型养老年金,就必须保证保险公司具备良好的偿付能力、业务管理能力、投资管理能力以及信息披露制度。我国保险监管部门就担负着监管保险公司以上各项指标的责任。现阶段,我国已经建立以偿付能力监管为核心的监管制度,实行分类管理,对风险性较高的公司实行重点监管,通过信息披露管理,提高保险公司的市场形象。2010年保监会发布了《人身保险公司全面风险管理实施指引》,明确提出寿险公司应建立全面风险三道防线:第一道防线由各职能部门和业务单位组成,在业务前端识别、评估、应对、监控与报告风险;第二道防线由风险管理委员会和风险管理部门组成,综合协调制定各类风险制度、标准和限额,并提出应对建议;第三道防线由审计委员会和内部审计部门组成,针对保险公司已经建立的风险管理流程及各项风险的控制程序和活动进行监管。同时明确要求各寿险公司在董事会下设风险管理委员会,提出寿险公司应设立首席风险官负责风险管理工作,明确要求寿险公司建立职能独立的风险管理部门,应独立于业务、财务、投资、精算等职能部门,即通过统筹管理公司各个层面的风险,通过风险量化工具将分散的风险整合起来,进行风险协调,从公司整体层面管理风险。

推行个税递延型养老年金,必定会带来各种监管风险,从而对我国寿险市场的监管水平要求越来越高。目前,我国保险监管部门在不断地完善寿险市场的监管机制,应对行业所面临的日趋复杂的风险。

5.3.3　完善个人养老年金税惠政策实施的市场条件

1. 加速试点推进

当前我国养老保险产品和服务供给远不能满足居民养老保障的需求,2018 年进行的个税递延型养老年金的试点城市仅包括上海市、福建省和苏州工业园区,试点结束后应可以考虑在对税惠政策进一步调整的基础上扩大试点的范围,覆盖到更广阔的区域和人群。通过实践检验发现问题,制定出更合理的税惠政策,发挥个税递延政策的普惠性、体现社会公平。同时,就个税递延型养老年金的性质来说,投保与否仅是个人的自主自愿行动,是一种市场主体相互选择的结果,因此,在税惠政策的推行过程中,应注重市场规律的运用。

2. 开发多元化养老年金产品

作为发展个人养老年金市场的重要成员,保险公司肩负着不断创新养老保险产品的重任。我国目前个税递延型养老年金的发展仍处于试点阶段,各家保险公司推出的税惠型个人养老保险产品还处于初级阶段。因此,各家保险公司可以在试点的基础上,发现现行个税递延型养老保险产品的一些弊端,了解人们面对老年风险真正的保险需求,不断进行产品创新。未来可将银行、基金等多种养老金融产品纳入选择范畴,提供诸如银行储蓄、稳健收益基金等多种产品供不同类型的风险偏好者选择。并且通过加强产品宣传等方式吸引更多灵活就业人员和自由职业者。针对老年人这一群体,通过借鉴国外经验如延长积累期和缴费限额等方法,逐步地推出符合我国国情、满足消费者需求的税收优惠型养老年金产品。

3. 提高社会认知度

提高个税递延型养老年金的社会认知度,让社会公众了解并接受该类养老保险产品的优势,促进人们选择投保,这就需要政府部门与保险公司的共同努力。在推广初期,利用政府的公信力,有关部门可以考虑将线下宣传与线上推广的方式结合起来,采用电视公益广告、微信推送、门户网站宣传、印发宣传册等方式加大宣传力度,帮助公众真正了解个税递延型养老年金的税收优惠政策,鼓励居民为自己的老年生活提早进行规划。此外,保险产品的销售主力仍然是各家保险公司,政府应考虑进一步激发保险公司的销售推广积极性,例如,对经营税延养老保险业务的保险公司,可对该业务实行一定的税收优惠政策,激励保险公司加强人才培训,扩大销售渠道。

4. 税延养老保险发展需要更简便灵活的操作流程

从具体操作的角度看,应尽可能简化个税递延型养老年金的投保手续。首先,加强投保人个人操作的自主性,使投保人不再需要向单位人力部门提交税延养老扣除凭证,强化个税递延型养老年金产品购买、账户操作、税收抵扣等操作环节的便利性。其次,考虑将个税递延型养老年金保费作为一项新的专项附加扣除,与子女教育、赡养老人、住宅贷款利息或居住租金等其他专项附加扣除项并列,共同列入综合纳税申报的范畴。如此一来,投保人就不必再向中国银保信平台申报投保信息,而是可以通过由国家税务总局主办的个人所得税平台申报专项附加扣除,手续简单易于操作。真正将税延商业养老年金纳入广大群众的关注视野,有利于唤醒大众的个人养老规划意识,实现以个税递延型养老年金为推手、促进养老保障体系第三支柱发展,完善我国养老保险体系的目标。

小　结

我国个人养老年金税收优惠的制定和实施还需要经过一个不断完善的过程,2018 年的收优税惠试点给予我们很多经验总结和启示,特别是需要结合本国经济、文化等各方面的实际情况来安排税收优惠的具体实施。本章以我国构建养老保险体系为目标,结合我国税法及相关规定的特点,认为分阶段选择不同的税收优惠模式是比较可行的。与现行个人所得税制相一致,可以选择激励效果较差的 tEE 模式,并结合我国人均收入水平及养老保险需要确定税收优惠的程度;在个人所得税制有所变化的情况下,可以考虑 EET 的优惠模式,以期获得更好的激励效果,推动个人养老年金的发展。此外,在具体的推进过程中还需要来自法律法规、监督管理、市场条件等方面的支持和配合。

参考文献

［1］.Pollner，John D.Managing catastrophic disaster risks using alternative risk financing and pooled insurance structures. World Bank technical paper，no.495. 2010.

［2］.Akwimbi Ambaka William.Critical Review of Literature on the Factors Pertaining to Finacial Sustain ablility of Social Security Schemes.2007.

［3］. Chris Daykin. Contracting-out in the United Kingdom［J］. Journal of aging &social policy，2002（1）：23-34.

［4］. Kay M.The Brazilian pension model：The pending agenda［J］.Int Soc Securrev，2014，67（1）：71-93.

［5］.Ole Beier Soørensen，Assia Billig，Marcel Lever.The interaction of pillars in multi-pillar pension systems：Acomparison of Canada，Denmark，Netherlands and Sweden［J］.Claude Menard，Ole Settergren. International Social Security Review. 2016（2）.

［6］. Larry Willmoer. Universal Pensions for Developing Countries［J］. JWorld Development .2006.

［7］.John B. Williamson，Meghan Price，Ce Shen. Pension policy in China，Singapore，and South Korea：Anassessment of the potential value of the notional defined contribution model［J］. Journal of Aging Studies，2011（1）.

［8］.Atkinson，M.E.，J. Creedy and D.M. Knox，Lifetime income，taxation expenditure and superannuation（LITES）：a life-cycle simulation model［J］. Centre for Actuarial Studies Research Paper，1994. 9.

［9］.Atkinson，M.E.，J. Creedy and D.M. Knox，Alternative Retirement Income Strategies：A Cohort Analysis of Lifetime Redistribution［J］. Economic Record，1996. 72（217）：p. 97-106.

[10].Barr, N. and P. Diamond, The Economics of Pensions[J]. Oxford Review of Economic Policy, 2006. 22(1): p. 15-39.

[11].Bodie, Z., Pensions as Retirement Income Insurance[J]. Journal of Economic Literature, 1990. 28(1): p. 28-49.

[12].Bodie, Z., R.C. Merton and W.F. Samuelson, Labor supply flexibility and portfolio choice in a life cycle model[J]. Journal of Economic Dynamics and Control, 1992. 16(3-4): p. 427-449.

[13].Caminada, K. and K. Goudswaard, Revenue Effects of Tax Facilities for Pension Savings[J]. Atlantic Economic Journal, 2008. 36(2): p. 233-246.

[14].Caminada, K. and K. Goudswaard, Budgetary Costs of Tax Facilities for Pension Savings: An Empirical Analysis[J]. Department of Economics Research Memorandum, 2005(3): p. 1-17.

[15].Caminada, K. and K. Goudswaard, Progression and revenue effects of income tax reform[J]. International Tax and Public Finance, 1996. 3(1): p. 57-66.

[16].Caminada, K. and K. Goudswaard, The Fiscal Subsidy on Pension Savings in the Netherlands[J]. Tax Notes International, Vol. 33, No. 13, 2004.

[17].Cerda, R.A., The Chilean pension reform: A model to follow?[J]. Journal of Policy Modeling, 2008. 30(3): p. 541-558.

[18].Creedy, J. and R.S. Guest, The Labour Supply and Savings Effects of Superannuation Tax Changes[J]. Australian Economic Papers, 2008. 47(1): p. 1-14.

[19].Creedy, J. and R. Guest, Changes in the taxation of private pensions: Macroeconomic and welfare effects[J]. Journal of Policy Modeling, 2008. 30(5): p. 693-712.

[20].Davidson, S. and R. Guest, Superannuation tax reform: Fiscal consequences[J]. A Journal of Policy Analysis and Reform, 2007. 14(1): p. 5-16.

[21].Diamond, P.A. and J.A. Mirrlees, Optimal Taxation and Public Pro-

duction II: Tax Rules [J]. American Economic Review, 1971. 61 (3): p. 261-78.

[22].Diamond, P.A. and J.A. Mirrlees, Optimal Taxation and Public Production: I—Production Efficiency [J]. American Economic Review, 1971. 61 (1): p. 8-27.

[23].Gomes, F., A. Michaelides and V. Polkovnichenko, Optimal Savings with Taxable and Tax-Deferred Accounts [J]. Review of Economic Dynamics, 2009. 12(4): p. 718-735.

[24].Whiteford, P. and E. Whitehouse, Pension Challenges and Pension Reforms in OECD Countries [J]. Oxford Review of Economic Policy, 2006. 22 (1): p. 78-94.

[25].Abel, A.B., The effects of a baby boom on stock prices and capital accumulation in the presence of Social Security [R]. 2002, Federal Reserve Bank of Philadelphia.

[26].Antolín, P., A. de Serres and C. de la Maisonneuve, Long-Term Budgetary Implications of Tax-Favoured Retirement Plans [R]. 2004, OECD, Economics Department.

[27].Barr, N., Pensions: overview of the issues [R]. 2006, London School of Economics and Political Science.

[28].Bucciol, A. and R. Beetsma, Inter- and Intra-generational Consequences of Pension Buffer Policy under Demographic, Financial and Economic Shocks[R]. 2009, CESifo Group Munich.

[29].OECD, Tax and the economy: a comparative assessment of OECD countries, in OECD Tax Policy Studies [R]. 2001, OECD: Paris.

[30].Oksanen, H., Pension reforms: an illustrated basic analysis [R]. 2004, Directorate General Economic and Monetary Affairs, European Commission.

[31].Bonnet C, Mahieu R.Public Pensions in a Dynamic Micro analytic

Framework: the Case of France [A]. Mitton L, Sutherland H, Weeks M, Micro simulationModeling for Policy Analysis: Challenges and Innovations [C]. Cambridge: Cambridge University Press, 2000: 175—199.

[32]. Kwang-Yeol Yoo and Alain de Serres, Tax Treatment of Private Pension Savings in OECD Countries and the Net Tax Cost Per Unit of Contribution to Tax-Favoured Schemes [R]. 2004, OECD, Economics Department Working Papers, No.406.

[33]. Board of Trustees. The 2003 Annual Report of the Board of Trustees of theFederal Old-Age and Survivors Insurance and Disability Insurance Trust Funds.Government Printing Office.Washington, D.C., March 17, 2003.

[34]. Stephen A. Woodbury, Employee Benefits and Tax Reform, The EmployeeBenefit Research Institute Policy Forum on "Comprehensive TaxReform: Implications FOR Economic Security and Employee Benefits" Washington, D.C, April 30, 1996

[35]. Juan YERMO, Private Annuities in OECD Country, available on the OECD web site2001

[36]. Appendix: Additional Data on IRA Ownership in 2005, Investment Company Institute Research Fundamentals [J], 2006, Vol.15, NO.1A.

[37]. Zvi, Bodie, Pension as Retirement Income Insurance [J]. Journal of Economic iterature.Mar 1990.

[38]. Zvi, Bodie, R.C.Merton. International Pension Swaps [J]. Journal of Pension Economics and Finance. Vol.l.No.l.77−83.Mar. 2002.

[39]. Campbell, David, Michael Parisi, and Brian Balkovic. "Individual Income TaxReturns, 1998, "SOI Bulletin, Washington, DC: Internal Revenue Service, Statistics of Income Division, Fall 2000, pp.8 - 46.

[40]. The Role of IRAs in Americans' Retirement Preparedness.Investment Company Institute Research Fundamentals [J], 2006, Vol.15, NO.1.

[41]. Edward Palmer.The New Swedish Pension System − Financial Stabil-

ity and theCentral GovernmentBudget［R］.TheWorldBank, Washington, D. C.2006：20~50.

［42］.Edward Palmer.The Swedish Pension Reform Model：Framework and Issues［J］.Social Protection Discussions Paper.

［43］.Holzmann, Robert.The World Bank Approach of Pension Reform［J］. The WorldBank discussion paper, No.9807.

［44］. Anson T. Y. Ho, Tax-deferred saving accounts：Heterogeneity and policy reforms［J］.European Economic Review, 2017, 97（8）：26~41.

［45］.Attanasio, J. Banks and M. Wakefield. Effectiveness of Tax Incentives to Boost（Retirement）Saving：Theoreti-cal Motivation and Empirical Evidence［J］. OECDEco-nomic Studies, 2014, 39（2）：145~172.

［46］.Claus Thustrup Kreiner, Søren Leth-Petersen, Peer Ebbesen Skov. Tax Reformsand Intertemporal Shifting of Wage Income：Evidence from Danish Monthly Payroll Records［J］. Economic Policy, 2016,（8）：233~257.

［47］. David Joulfaian and David Richardson. Who Takes Advantage of Tax-Deferred Saving Programs：Evidence from Federal Income Tax Data［J］. National Tax29

［48］.张欣.可计算一般均衡模型的基本原理与编程［M］.上海：格致出版社,2010.

［49］.郑玉歆.中国CGE模型及政策分析［M］.北京：社会科学文献出版社,1999.

［50］.魏传江.GAMS用户指南［M］.北京：中国水利水电出版社,2009.

［51］.朱铭来.保险税收制度经济学分析［M］.北京：经济科学出版社,2008.

［52］.杨再贵.公共养老金的OLG模型分析［M］.北京：光明日报出版社,2010.

［53］.彭雪梅.企业年金税收政策的研究［M］.成都：西南财经大学出版社,2005.

［54］．袁志刚．养老保险经济学［M］．上海：上海人民出版社，2005.

［55］．方明川．商业年金保险理论与实务［M］．北京：首都经济贸易大学出版社，2000.

［56］．支燕．我国养老金模式选择及收益保障机制研究［M］．天津：天津社会科学院出版社，2005.

［57］．邹德新．中国养老保险制度改革效率研究［M］．沈阳：辽宁人民出版社，2009.

［58］．郭琳．中国养老保障体系变迁中的企业年金制度研究［M］．北京：中国金融出版社，2008.

［59］．段家喜．养老保险制度中的政府行为［M］．北京：社会科学文献出版社，2007.

［60］．王亚柯．中国养老保险制度改革的经济绩效：再分配效应与储蓄效应［M］．上海：上海人民出版社，2008.

［61］．中国经济体制改革研究会联合专家组．中国社会养老保险体制改革［M］．上海：上海远东出版社，2006.

［62］．殷俊．中国企业年金计划设计与制度创新研究［M］．北京：人民出版社，2008.

［63］．杨再贵．公共养老金的 OLG 模型分析：原理与应用［M］．北京：光明日报出版社，2010.

［64］．曹静．走低碳发展之路：中国碳税政策的设计及 CGE 模型分析［J］．金融研究，2009（12）.

［65］．陈平路．养老保险体系的世代交叠 CGE 模型：一个研究综述［J］．商情（经济理论研究），2007（01）.

［66］．陈收，邱晓彦，李双飞．个人账户与个人所得税激励联动对养老金替代率的影响［J］．中国管理科学，2009（02）.

［67］．程凌．统一内外资企业所得税率对税收及社会福利的影响——基于 CGE 的分析［J］．数量经济技术经济研究，2007（10）.

［68］．邓大松，吴汉华，刘昌平．论中国社会保障基金治理结构与管

理模式[J].经济评论,2005(05).

[69].杜建华.企业年金税惠政策的经济学分析[J].保险研究,2009(06).

[70].封进.中国养老保险体系改革的福利经济学分析[J].经济研究,2004(02).

[71].何立新,封进,佐藤宏.养老保险改革对家庭储蓄率的影响:中国的经验证据[J].经济研究,2008(10).

[72].寇国明,周新生.基本养老保险效率模型的构建及应用[J].统计与决策,2007(23).

[73].刘德浩.养老保险制度收入再分配效应的效率分析[J].统计与决策,2008(15).

[74].汤建霞.我国养老保险体系改革下的个人福利评价[J].金融经济,2009(10).

[75].王莹.个税递延型养老保险——基于税收优惠的思考[J].中南财经政法大学学报,2010(1).

[76].叶志辉.燃油税税率的确定——基于CGE的分析[J].统计研究,2009(05).

[77].余显财,徐晔.税收递延型养老储蓄设计及其对投资行为的影响[J].改革,2010(03).

[78].袁志刚,宋铮.人口年龄结构、养老保险制度与最优储蓄率[J].经济研究,2000(11).

[79].郑伟,孙祁祥.中国养老保险制度变迁的经济效应[J].经济研究,2003(10).

[80].陈平路.中国养老保险体系的世代交叠CGE模型研究[N].华中科技大学,2006.

[81].卿定文,朱锡平.最优税收理论及其政策含义[J].经济评论,2006(4).

[82].王立伟.个税递延型养老保险试点亟待加大税优力度[N].金

融时报,2020-2-5(10).

[83].王国军,李慧.我国个税递延型养老保险试点的发展态势与制度优化[J].中国保险,2019,(8):15~19.

[84].王雅丽,李航.税收递延型养老保险:国际比较与借鉴[J].上海金融,2016,(5):86~89.

[85].王翌秋,李航,吴海盛,等.税收递延型养老保险的方案设计与对策建议[J].金融纵横,2017,(2):81~88.

[86].肖贵珍.我国个税递延型商业养老保险EET模式研究[D].厦门:厦门大学,2017.

[87].徐文虎,赵刚,沈政达.我国试行个人税收递延型养老保险的思考[J].上海保险,2013,(8):7~9.

[88].于秀伟.德国新型个人储蓄性养老保险计划述评[J].社会保障研究,2013,(3):106~112.

[89].张晶,黄本笑.商业养老保险税收优惠模式的最优选择——基于一般均衡的角度[J].武汉大学学报(哲学社会科学版),2014,67(1):83~89.

[90].张胜楠.推动商业养老保险发展的税收政策研究[D].保定:河北大学,2018.

[91].钟华欣,赵瑞娟,张雄潮.试论我国建立个税递延型养老保险制度的可行性[J].现代经济信息,2011,(2):204~205.

[92].周海珍,吴俊清.个人税收递延型商业养老保险受益群体和财政负担分析——基于新旧个人所得税税制的比较[J].保险研究,2019,(8):70~80.

[93].丁少群,王一婕.税制对养老保险业务发展的影响——以美国个人退休账户养老保障税优政策为例[J].中国保险,2017,(6):33~38.

[94].程肖.我国个税递延型商业养老保险个人收益及财政成本量化研究——以四川省为例[D].成都:西南财经大学,2017.

[95].丁少群,王一婕.税制对养老保险业务发展的影响——以美国

个人退休账户养老保障税优政策为例[J].中国保险,2017,(6):33~38.

[96].陈凯.个人商业养老年金:主要问题与发展方向[J].中国保险,2014,(11):12~16.

[97].高嵩.个人延税型养老保险渐行渐远[N].中国保险报,2003年11月26日第007版.

[98].郭剑.广东税延型商业养老保险实施方案研究[D].广州:广东财经大学,2016.

[99].郭凯敏,颜色.延迟退休年龄、代际收入转移与劳动力供给增长[J].经济研究,2016,(6):128~142.

[100].郭左践,罗艳华,胡彧,等.天津滨海新区试点个人税延型补充养老保险业务可行性研究[J].华北金融,2011,(5):11~14.

[101].蒋培德.中国的个税递延型养老保险与美国401K计划[J].新会计,2012,(2):46~47.

[102].靳晓静,王雅婷.个税递延型养老保险的可行性研究——以北京市为例[J].社会保障研究,2013(2):12~17.